JN010262

［新装版］
スモールスイング・レボリューション

ゴルフ歴1年で70台に突入できる30㎝トレ

大塚友広
TOMOHIRO OTSUKA

幻冬舎

目次

プロローグ

STEP 1 インパクトから逆算して考えたスイングの構築

STEP 3 スモールスイングでブレイクスルー!!

STEP 4 ついにわかった！　70台の世界を見る方法

エピローグ

プロローグ

「1年で70台」という目標を掲げたからこそ見えたゴルフの無駄

私がゴルフを始めたのは20代後半です。

ゴルフを始めるにあたり、なるべく早くゴルフを楽しめるようになりたいと思った私は、明確な目標設定をしました。しかし、親族や周りの人たちからは、「ゴルフはそんなに甘くないよ」「最低3年はやらないと、いいスコアなんて出ないよ」と言われました。

一般論や、「普通に考えたら……」ということが嫌いな私は、「そんなに甘くない」

とか「そんなこと、できるわけがない」と言われれば言われるほど、燃えるタイプです。「3年はやらないと、できない」が理解できませんでした。「鉄のかたまりで同じサイズのボールをたたき、同じサイズの穴に入れるスポーツ」、これがゴルフでしょう、と。なにひとつアンフェアな状況はなく、全員に共通したルールが与えられ、距離も同じ。であるならば、そこに一般論を持ち込むと、それに流されてしまうのではないか？　むしろ、今まではその一般論が邪魔をしていたから、多くの人は3年、いやもっと長い期間かかったのではないか？

まずは目の前の出来事や常識、定説を疑うことから入る性格の私は、こんなことを考えてゴルフを始めたのです。

そして、周りからなにを言われようとも、「1年で70台」という目標を掲げ、以後、決して変えませんでした。

だからこそ、成長が止まっている期間は非常に苦しく、「もう70台は諦めようか」と思ったときもありました。でも、諦めませんでした。どんなに寒い日も、一度決めたら必ず練習に行きました。今までの常識や定説は一切頭から払いのけ、ゴルフを客観的に見つめ、より効率的な成長方法を模索し続けました。

「1年で70台」という目標を変えなかったことで、必然的により効率的な練習法にたどり着けました。また、固定観念に囚われないことで、多くの方にも応用できる方法を、実体験を基につくることができたと思っています。


結論から先に申し上げますと、今までのゴルフ理論には無駄が多すぎます。

そして、１００切り、90切り、80台前半、70台という区切りを設けた場合、その時々に考えるべきトレーニング、メンタルコントロール、コースマネジメントはすべて異なります。高い目標を掲げ、限られた時間のなかでより早い成長をするには、今いるそれぞれのステージごとに必要なことがあるのです。「1年で70台」という目標を設定し、より効率的な成長を追ったからこそ見えた、成長フェーズの区切りです。

これはビジネスパーソンの性《さが》かもしれませんが、ゴルフにはゴルフが好きな人、上手な人の数ほど無数の理論がはびこっているのですが、成長フェーズに合わせたフレームワーク（枠組み、手順）が存在しないことに違和感を覚えていました。社会人に喩《たと》えると、業種・業界の特性や、入社1年目から30年目のベテランまで、それぞれに応じた教育制度や評価制度がないことと同じです。

ゴルフは、社会人になってからスタートした場合、体育会的な感覚のみで成長することが極めて難しいスポーツだからこそ、成長のフェーズに合わせた具体的な練習法や考え方が必要ではないかと、1年のあいだに行ったことを振り返ることができる今、思う次第です。

70台に突入するまでの1年間は、すべてが順調だったわけではありませんでした。壁をなかなか越えられない日々が続き、今になって考えれば、「なんでこれをやっておかなかったんだろう？」ということや、「もっと早くこのことを知っていたら成長が早かったのではないか？」と思うことも多々あります。

要するに、目標を高く設定することで、なるべく早い成長を目指したことはよかったのですが、独学であることが邪魔をして成長を阻害していることも多々あった、ということです。

例えば、「ダウンブロー」という存在に気がつくまでに4カ月かかりました。今振り返ると笑い話ですが、本当に恥ずかしいことです。ダウンブローという言葉を知るまでは、ダフりが多く、アイアンはすくって打つものだとばかり思っていたのです。

ダウンブローという言葉を知ったときの衝撃と、恥ずかしさは、今でも鮮明に覚えています。「え？　アイアンって上から入れるの？」と固まりました。ダウンブローを知らなかったことが、１００を切るまでのスピードを大きく遅らせたと思います。初めからダウンブローを意識して練習していたら、もっと成長が早かったのではないかと、後悔さえしました。

ただ、独学だったからこそ、リアルな体験をすることができたのは事実です。

１００切り、90切り、80台前半、70台というそれぞれの目標ごとに練習の仕方を考えることと、その違いを知ることができました。また、私がビジネスパーソンだからこそ、ビジネスフレームワークやマネジメントの観点から成長過程ごとに必要なこと、という捉え方もできたのだと思います。

初めてのラウンドで知ったゴルフの難しさ

私がゴルフを始めたのは、28歳のときでした。社会人になり、ビジネスパーソンとして少しずつ成長してきたところで、クライアントのコンペに呼ばれたことが大きなきっかけでした。

もともと興味はあったのですが、ハードルが高いというイメージもあり、なかなか自分のみでスタートをすることはできませんでした。これは、ゴルフを始めたいけど……と思っている多くの人の本音ではないでしょうか？

いざ、ゴルフを始めるとなったときのことを、今でも鮮明に覚えています。服装はどうするのか？　先にゴルフウェアを買って、その後にゴルフをやらなくなってしまった場合、ウェア代は無駄にはならないか？　クラブは買ったほうがいいのか？　ウェアとクラブ以外になにが必要か？　いろいろなことを思い巡らしました。

当初、私は、ウェアは買わずチノパンにポロシャツスタイルでゴルフデビューをすることにしました。ベルトだけは、スーツに使用しているものではいけないと思い、草野球のときに着用していた野球用のベルトを使用しました。

いちばん高いハードルは、クラブ。最も高額で、しかしクラブなくしてゴルフにはなりません。けれど、どのクラブを買っていいかもわからず、ゴルフメーカーで働く友人に連絡し、相談しました。

「コンペがあるので、クラブが必要になってしまった、なにを買ったらいいと思う？」

「ちょっと待ってて。送るよ」

「おお！　本当!?」

その時点では、どんなものが送られてくるのかもわからず、「とにかく友人がクラブを送ってくれる。友人のお古かもしれないし、状況はわからないが、とにかくクラブは大丈夫そうだ。友よ、本当にありがとう」という気持ちでしかありませんでした。

数日後、自宅に大きな荷物が届きました。ピカピカのゴルフクラブでした。見た瞬間、本当に感激しました。

アイアンの美しいライン。幼い頃、木製のヘッドのものしか見たことがなかったドライバーが、今やこんなにも大きくなっている……。美しいフォルムと、最新式のメカに感激しっぱなしでした。

これは大切な友人のためにもしっかりとゴルフをしなければと、気合いを入れて練習し始めました。

コースデビューは1カ月後。自分なりの考えで練習はしっかりと行ったものの、不安で仕方がないままコースデビューを迎えました。

埼玉県の某ゴルフ場で行われたコンペには、大切なクライアントも多数参加していました。緊張しながら、でも練習でやってきた成果を出したい。また、運動神経は決して悪いほうではないと思っていたので、スポーツそのものには自信がありました。コースに行けばなんとかなる。１００前後では回れるだろうと高をくくっていました。

ところが、実際コースに出ると、「思うようにできない」の連続でした。

ドライバーは右にしか行かない。アイアンはダフりしか出ない。ゴルフってなんて難しいんだ。運動神経だけを見たら、明らかに私よりも劣っている人たちが、なんでこんなに上手にゴルフをするのか？　80台のゴルフなど、神様の領域にさえ感じられたのです。

初めてのラウンドでは、自分の思い描いていたゴルフと、実際のゴルフに大きなギャップを感じました。テレビで見るゴルフ中継では、バーディーを取るゴルフが展開されています。そのイメージを持っていたので、ボールにまともに当たらない、ということが衝撃以外のなにものでもありませんでした。

初めてのラウンドを終えたあとは、本当に放心状態で、しばらくゴルフ場から出ることができませんでした。なんだか恥ずかしくて、家にも帰りたくない気持ちでした。帰りの車のなかでは、不甲斐ない自分に泣きそうになりながら、やっとの思いで運転して家まで戻りました。

プロセスを間違わなければ誰でも70台が出せる！

「1年で70台を出す」という目標を掲げた人間のデビュー戦は、こんなものでした。

同じような体験をされた方も多くいるでしょう。

しかし、私はここからが違ったと思います。こんなデビューのあとでも、「1年で70台」の目標は一切揺らぎませんでした。せっかく友人が送ってくれたピカピカのゴルフクラブ、友人の気持ちに応えたいと同時に、このクラブの性能を最大限発揮したい。そんな思いから、なんとしても上手にゴルフができるようになりたいと思う気持ちをより強くしました。

今までさまざまなスポーツをやってきましたが、ここまで難しいスポーツに出会ったのは初めてという感覚と、難しいなかにも必ずうまくなる方法があり、ミスの理由を追い求めることで抜け出す策はあると信じていました。

結果、1年で70台を出しました。

社会人になってからゴルフを始めた人は、だいたい同じラインからスタートするはずです。その後の過程が違うので、徐々に差がついてくるだけです。

私は、運動神経は悪いほうではありませんでしたが、レベルの高いアスリートではなかったですし、身長も１７０センチ程度で身体的に恵まれているわけでもありません。毎日の時間を自由に使えて、週に何度もコースに出られたわけでもありません。そんな私でも、考えに考えて、しっかりとしたプロセスを踏んだおかげで、70台というスコアに到達できました。

　であれば、みなさんも絶対に70台に到達できます。日々忙しく働くビジネスパーソンであっても、です。

　本書では、いくつかのステップに分けて、私が1年で70台を出すまでに取り組んだ方法を、余すところなくお伝えします。もちろん、人それぞれ、成長するきっかけ、アプローチの仕方は異なるでしょう。本書をヒントに、次のラウンドで70台が出てしまう方がいるかもしれません。最初から最後までじっくり読んで、すべてを取り入れたのに70台を出すまでに1年半かかる方もいるかもしれません。しかし、いいスコアを出したいと思っているのに、スコアが伸び悩んでいる方は、確実になにかが間違っているのです。同じことをやり続けて伸びないのなら、今までの方法を一新して別のアプローチでゴルフをしてみませんか？
万人にぴったり合う方法かどうか、これは保証できません。しかし、「1年で70台を出すまでの方法」は間違いではなく、その結果は自負しています。

ゴルフの本質は、そのときのすべてを受け入れることです。自分を受け入れること、すなわち自分のステージを正しく見極めることです。背伸びして、または周りを気にして、格好をつけてフルスイングの練習ばかりしていては、次のステージに進むことはできません。

本書では、いかにして飛距離を伸ばすか？　美しく素晴らしいスイングとはどういったものか？　このようなありきたりな話ではなく、インパクトを中心とした「スモールスイング」、すなわち小さいスイングがいかに重要かを主軸に据えています。これは、地味で継続することが難しく、多くの方が練習場では行っていないことだと思います。しかし、ゴルフの本質はスモールスイングに凝縮されています。

スモールスイングとはなにか

スモールスイングとは、読んで字のごとく「小さなスイング」のことです。

具体的には、SWで10ヤード以内を打つ極めて小さなスイング。時計で表すと、最大でも8時4時といえるでしょうか。とにかく、非常に小さなスイングのことをスモールスイングと本書では呼ばせていただきます。

ゴルフにおいて、フルスイングやハーフスイングという言葉は、さまざまな場面で耳にします。練習場でも、ほとんどの方は気持ちよさそうにフルスイングをしていますし、多くの方はフルスイングで気持ちのいいショットを打ちたいことでしょう。ハーフスイングで、距離を合わせる優しいスイングがしたいことでしょう。

しかしながら、フルスイングをやり続けてもフルスイングはうまくなりません。ハーフスイングをやり続けると、フルスイングのインパクトの精度は上がっても、ハーフスイング自体のインパクトの精度は高まりません。

「？」と思う方もいるかもしれません。

ゴルフにおいて、大きなスイングを小さなスイングに応用することは不可能です。

しかし、小さなスイングを大きなスイングに応用していくことは可能です。

ゴルフにおいて「小は大を兼ねる」。しかし「大は小を兼ねる」ことはありません。

これは私が1年で70台前半のスコアで回るという目標を掲げ、チャレンジしていった過程での大きな気付きであり、トレーニングで実践していったことです。

本書と同時刊行の『新装版 ゴルフはインパクトの前後30㎝』では主に1年で70台で回るチャレンジをしていた際の考え方、理論を提唱しました。

ゴルフスイングには自由度を持たせていい、ただしインパクトの前後30センチだけはまっすぐ引く意識を持っていただく。それを行うことで、自分の身体に合ったスイングを構築することができる、というものです。

当然ながら、それだけではなく、具体的なトレーニング方法を示して、大人になってからゴルフを始めた多くの方々の助けに少しでもなれればと本書の基本概念「スモールスイング」を提唱したいと思いました。

ゴルフスイングは、究極的にはすべてパターのスイングの延長線上にあります。地味に小さなスイングの練習を積み重ねることで、その先の大きなスイングのインパクト精度が飛躍的に高まります。このことを、よりわかりやすくトレーニング方法も交えて具体的に多くのゴルファーに届けられればと思っています。

「スモールスイング・レボリューション」。

それは、動画や写真で見るプロの放つ美しいショットに近づくための入り口の革命です。多くの方々が見ているプロのスーパーショットは完成形です。しかし、その完成形を目指して、完成形に近いショットの形をフルスイングで練習しても、遠回りにしかなりません。

近道は、小さなスイングを極めることです。

１００ヤード以内のショットが、スコアの７割を占める

スモールスイング・レボリューションは、より実戦的な考え方です。ゴルフにおけるリアリスト的な考え方ともいえるでしょうか。さきほど、小さなスイングからしか大きなスイングの精度は上がらない、と言いました。と同時に小さなスイングの練習を徹底しなければ、ゴルフのスコアも上がりません。

小さなスイングを練習し続けることがスコアアップにつながる。この事実に気付いたのは、私が必死にゴルフと向き合い、まだ１００切りができていない頃でした。当時、自分でつけていたゴルフのスコアとメモを丁寧に見返すと１００ヤード以内のショットがスコア全体の約70パーセントを占めていたことによります。

つまり、１００ヤード以内を極めないとスコアは伸びない、ということです。スイングの質の向上とスコアアップ。ゴルファーにとって最も大切なこのふたつを同時に

得られるということも「スモールスイング・レボリューション」の特徴です。

トレーニングの工夫でスモールスイングは加速する

私はスモールスイングのおいしさ、お得さに気付いてから、スモールスイングを中心とした地味な練習をひたすら繰り返していました。そして、そのことはスコアに直結していきました。そうした過程で、さまざまなことを試してトレーニングに取り入れていきました。片手で打ってみたり、時には普段のスイングとは逆の左打ちで練習したりしたこともありました。

スコアアップのためには100ヤード以内です。そのためにはスモールスイングを徹底的に極めていくことです。

スモールスイングにはもちろんパターも含まれます。

実は私のパタートレーニングは、某有名トッププロも取り入れてくれています。いちアマチュアのトレーニング方法をプロが取り入れてくれているなんて嬉しい限りです。

スモールスイング・レボリューションを！

ゴルフコースで求められるのは、当然ながら正確なショットです。コースで正確なショットを打つために求められるのは、さまざまなライ、状況に臨機応変に対応できる柔軟性の高いスイングです。

コースにおける正確なショットを支えている土台のようなものが柔軟性の高いスイングといえるでしょう。そして、その柔軟性の高いスイングを支えているのがスモールスイングです。何度も言いますが、フルショットだけではゴルフは絶対に上達しません。

スモールスイングを徹底的に習得することで、フルショットの精度が上がることはもちろん、各番手ごとのフルショットの間の微妙な距離に対する対応力も上がっていきます。

また、さまざまなライにおけるインパクトの質も向上していきます。私たち、大人になってからゴルフを始めた面々に最も足りないのが柔軟性です。小さい頃からゴルフを始めていた方々とは決定的に違います。

そんな私たちに柔軟性を与えてくれる唯一の方法がスモールスイングの徹底したトレーニングです。大人になってからゴルフを始めた多くの方々と、スモールスイングの重要性を共有したいと思っています。地味ではありますが、コースでの気持ちのいいショットと、いつまでもそこにいたくなる素晴らしい時の流れ、そしてなによりも最高のスコアのために、スモールスイングを。

「スモールスイング・レボリューション」が今から幕を開けます。一緒に体感していきましょう！

スモールスイングの3つのメリット

①　スイング、およびインパクトの質の向上

②　スコアアップ

③　フルショットを10とした場合の1～9の力の加減が上手になる

（注）本書のレッスンカリキュラムは、プレーヤーが右利きであると仮定して解説しています。レフティーの方には大変申し訳ありませんが、表記されている〝右〟と〝左〟を逆に解釈していただく必要があります。

STEP 1

インパクトから逆算して考えたスイングの構築

Small swing changes golf.

自分の身体に合うスイングの構築は「インパクト」というゴールから逆算

大きなショックを受けたゴルフデビューから、なんとか時間をつくり、練習場に向かう癖をつけました。正直、最初は嫌になることも多くありました。しかし、80台などで回る方々の楽しそうな姿を見ていたので、なんとか楽しいゴルフができるようになりたい。一打一打を競えるようなゴルフができるようになりたい。だから、この苦しみや壁を越えればゴルフはうまくなると自分に言い聞かせて、半分マゾヒストになったかのように練習場に通いました。

より本格的に練習を始めるにあたって最初に考えたことは、とてもシンプルで、「なぜコースでまともにボールが打てなかったのか?」でした。

そのなかで、「インパクト」というスイングにおける〝ゴール〟から逆算して物事を考えるようにしました。いかにして効率的なインパクトを迎えるか？　ここに大きなヒントがあると思ったのです。

ゴルフのことを考えに考えていくなかで、「今までの理論は無駄な情報が多すぎるから悩む人が多いのではないか？」と思うようになりました。

そもそも、テイクバックの角度やスイングプレーンの角度、足の開き方など細かいところを考えたら限《き》りがありません。それを身体で完璧に行う作業は、それこそ物理的に無理です。どう考えても、アドレスから始まりインパクトに向かっていく一瞬のなかで細かい情報は処理しきれません。多くの無駄な情報がゴルファーの意識に入り込み、それが正しい成長を阻害しているのです。

ですから、インパクトのことだけを考える。とくに「インパクトの前後30センチ」にすべてを注力する。あとは自然と個々の筋肉や骨格に合わせた形になっていくはず。自然なスイングをつくるすべての基となるのがインパクトであり、そこに意識を集中

【インパクトの前後30センチ】

ボールの手前15センチからボールよりも先の15センチまで、計30センチが「インパクトの前後30センチ」。このあいだをクラブヘッドが一直線に通過すればまっすぐ飛ばせる。

してクラブを振ろうと決めたのです。

当初、私のスイングは右から左に体重が移動する形、いわゆる「スウェー」をしたスイングでした。「正しいインパクトを効率的に迎える」ということをベースに理想のスイングを追求していた私は、スウェーするスイングの大きな無駄に気がつきました。

クラブを振るときには、トップからクラブを下ろしてくる「縦の動き」と、右から左に振られる「横の動き」があります。それが「円」として形成されてクラブは振られることになります。そもそも、アドレスした状態にただただクラブを振り下ろす、すなわち遠

【スウェーするスイングの落とし穴】

テイクバックでは右脚に、ダウンスイングでは左脚に、それぞれ重心が移動するスウェーの動きが入ったスイング。目標方向への「横」の動きが生まれるため、クラブを下ろす「縦」の動きとタイミングが合わなければ、良質なインパクトは生まれない。

心力を最大限に利用した円運動のみを行う場合には、ミスは極めて少なくなります。

しかし、身体がスウェーすることで〝新たな〟横の動き、すなわち直線運動が加わります。円の軌道を右から左へ移行していくことになり、クラブを振る円運動と、左右の直線運動とがベストのタイミングで交わらないと、正しいインパクトを迎えられないことになります。つまり、円運動と左右の動きの掛け算が発生し、正しいインパクトを迎える確率の母数がほぼ無限の数字になり、確率が下がるということです。

左右の身体の動きは小さなボール一点を捉える妨げにしかならない。

「二軸だから」ではなく「良質なインパクトがあるから」が正解

そんなことを考えながら練習に励むなか、テレビのゴルフ中継を見ると、韓国人ゴルファーの活躍が目立っていました。韓国人ゴルファーの多くは、左右にブレない、スウェーをしないスイングそのものでした。それを見たときに、私の考えていたスウェーしないスイングを確立することで、ベストショットの確率はグンと高くなると確信したのです。

このスウェーを行うスイングは、いわゆる「二軸スイング」といわれるものだと考えます。飛球線に対して後ろから前へと向かう直線運動の力が働きますので、確率は低いものの、ベストタイミングであれば大きな力を生み出すでしょう。

では、スウェーをしない、いわゆる「一軸スイング」で最大限に力をボールに伝えるにはどうしたらいいのか？　そこを中心に自分の理想のゴルフスイングを構築しようと考えていた際に、キャッチャーとしてアメリカのメジャーリーグでも活躍した城島健司氏が、理想とする野球のスイングを語っている映像を見ました。

「私の理想のスイングはコマ」「自分の身体をコマだと思って回転させる」

この言葉を耳にしたとき、韓国人ゴルファーの活躍ともリンクし、「これだ！」と思いました。

それからというもの、自分の身体をコマのように回転させるスイングづくりに励むことにしました。

飛距離は、インパクト率（ミート率）、つまり、いかにクラブの中心でボールを捉えるか。そして、いかにそこを速く通過させるかを表すヘッドスピード。このふたつの掛け算で決まります。

現代のクラブ、とくにドライバーは、以前のドライバーのようにボールをつぶしていく感覚や、いかに強くボールにヒットさせるかを考える必要はありません。力を入れてインパクトで爆発させるようなイメージよりも、ただただそこを丁寧に通過させ、インパクト率を高めるほうが飛距離につながります。つまり、「良質なインパクト」に最も高い優先順位をつけることで、大きな飛距離が生まれるのです。

二軸スイングだろうと、一軸スイングだろうと、インパクトが良質でなければ飛距離は伸びません。すべてはクラブフェースとボールの衝突によって決まるのですから、そこに注力するべきでしょう。

そう考えたとき、二軸スイングによるベストタイミング、つまり万にひとつのベストショットを求めるのか、安定した円運動による一軸スイングで良質なインパクトを求めるのか、答えがはっきりしたわけです。

一軸のスイングでこそ良質なインパクトは生まれる。

理想のスイングを追求するなら やはり素振りが絶対に必要

自分の理想のスイングが見えたところで、ひたすらコマのようにスイングする練習を行いました。これは、練習場ではもちろん、スイング棒を使って家のなかなどでも素振りを行いました。

道を歩いていても、気になればすぐにスイング練習をしました。駅のホームで傘を使って素振りをしているのは、ビジネスパーソンの典型的なイメージでかっこ悪いと考えていたのですが、本当にうまくなりたいと思うと、同じ動きをしている自分がいました。

言うまでもありませんが、素振りはスイングの構築に非常に有効です。

素振りの利点は、きちんと行うことで身体にスイングが勝手に染みつくこと。素振りでしていることが、ボールを前にするとなかなか実現できない、という声をよく聞きますが、これは素振りの回数が足りないだけです。身体に染み込むまで素振りを繰り返してください。

余談ではありますが、スイングの練習とインパクト（ボールを打つ）の練習は、切り離して考えると効率的です。ボールを目の前にすると、どうしてもボールを強く打ちたくなってしまうのが人間の性です。スイングとインパクトの練習を切り離して行うことで、より早くスイングの構築ができます。

私は、スイング構築をする初期の段階では、毎日のように素振りを行いました。決まった回数で、この時間に何回という制約は設けずに、気楽に行いました。いいボールが打てるようになるといいなあ。ゴルフ場で気持ちよくラウンドできるようになるといいなあ。そんなゴルファーとしての理想の自分を描きながら、気ままに素振りを行っていたのです。

そして、近くの練習場には週に2〜3回通っていました。ゴルフの成長期は、練習場は週に2〜3回がベストです。それ以上行って強いスイングを続けると、ケガをしたり、身体を痛めたりする危険性があるからです。

実はこの時期に、ゴルフに夢中になりすぎて、練習過多のために一度、左肩をケガしてしまいました。ケガのためにスイングができず、せっかくどんどん上達する実感があったにもかかわらず、スイングさえもできないフラストレーションに苛まれたことがありました。

成長期には、なるべく毎日クラブを握りたいものです。毎日触れることが成長につながりますし、成長期を迎えた場合は、一気にレベルアップさせる必要があります。とはいえ、あくまで仕事がベースのビジネスパーソンにとって、ゴルフの練習でケガをしてしまうということは致命的なことでもあります。

ですから、練習の目的を分けて、身体への負荷を考えて練習することが大切だと、私自身の経験から思うのです。

多くの方が、大人になってから始めるのがゴルフです。初めて使う筋肉も多く、今までにない特殊な身体の使い方をすることから、ケガをするリスクが高いのもゴルフです。スイングは気ままに、練習場に行くときは気持ちを抑えて、連日ではなく１日は必ず空ける。このペースを維持することが最も早い成長につながります。

素振りでは、なにも持たず、腕だけで行うことも非常に有効です。腕と身体の連動性、スイングリズムへの理解が深まりますので、ぜひ取り入れてください。

素振りをしているときは、スイングのリズムに注力する。練習場にいるときはインパクトに注力する。このバランスが大切です。かくいう私も、素振りの重要性に気付いたのは80台でラウンドしている頃でした。だから、いま書いていることも後付けの理由ではあります。しかし、この時期の素振りと、練習場での練習と、そのペースがよかったのだと、振り返ってみるとそう思います。

付け加えると、ゴルファーのなかには練習場に行ってボールを打つことだけが練習だと思っている人が多く見られます。しかし、練習場以外で行えることを継続するこ

【腕だけで行う素振り】

腕には一切、力を入れず、ダラ～ンと垂らした状態からスタート。身体と腕の同調、さらには腕の振りによって「遠心力」を身体で認識することができる。

とが、どれだけゴルフの成長に有効に働くか。自分自身、振り返って痛感していることでもあります。

大人になってから始めるゴルフは、意識すればするほどスイングが難しくなります。無意識の質をいかに上げるか。これが素振りを行う本質であり、とても大切なことです。大人になると意識した瞬間にうまくいかなくなってしまうということも、ゴルフの練習を重ねながら何度も感じたことでした。

「無意識」の質を上げることが素振りの最大の目的。

良質なインパクトを求める過程で生まれた再現性が高まる「目線軸」

身体が左右にブレないようにスイングするには、テイクバックからインパクト、フォローと一連の流れを整える必要があります。しかし、そのテイクバック、インパクト、フォローの細かい動きを制御して物事を考えることには限界があります。テイクバックはいいけれどフォローがダメ。このような現象が起こります。

この現象のひとつひとつを捉えて修正をしていく作業は、私には向いていない。そして、理にかなっていない。そう思いました。スイングの一連の流れのなかに核が存在すると考えていたからです。だから、その核を押さえることで、テイクバックもインパクトもフォローも、すべてを整えることができないものだろうか。そういうアプローチ方法に切り替えたのです。

その核は、何度もお話ししているとおり、「インパクト」です。ゴルフのショットにおけるスタートとゴールはインパクトです。極端なことを言えば、見ている側がどんなことを思おうが、明らかにおかしなテイクバックでも、どんな癖のあるフォロースイングをしたとしても、インパクトさえ整っていればボールはいい方向に飛んでいきます。平らな鉄の板を真横からボールにぶつけたとき、あらぬ方向にボールが飛んでいくというマジックのようなことは、どうやっても起こらないのです。

しかし、現実はどうでしょうか？　多くのゴルファーが、あらぬ方向に飛んでいくボールに四苦八苦しています。さらにその原因を、テイクバックやダウンスイングなど、スイングのせいにしているのが大半です。ゴルフのレッスンでインパクトの大切さを説くコーチは全体の何パーセントいるでしょうか？

どうしても短期間でうまくなりたいという一心で練習に取り組んでいた私は、この矛盾に気がつきました。そして、それが多くのゴルファーの成長を阻害しているのではないかと考えたのです。

これは、私がビジネスパーソンとして生きてきたからこそ、たどり着いた考え方だと思います。ビジネスにおいても、その事業の課題や組織の問題点は、突き詰めると一点に集約されているケースが多いものです。その一点を突破することでブレイクスルーを迎えることが多々あります。

そういった観点でゴルフを捉えたとき、ショットにおける優先順位が高いのは圧倒的にインパクトだったのです。

このゴルフの〝核〟であるインパクトに集中することで、必ず見えてくるものがある。そう信じて、しばらくは一心不乱にクラブを振り続けました。そして、物理的に理想のスイングである、コマのように回るスイングを実現するには、ボールをしっかりと見ることで体の軸を安定させる必要がある。そんなシンプル極まりない考えにたどり着いたのです。

「ボールはぼんやりと見ていればいい」と言われたことがあります。もちろん、そう話すゴルファーは、自分の身体感覚ではそうなのでしょう。けれども、子どもの頃からゴルフに触れ、インパクトを身体で理解している人であれば通用する理論ですが、大人になってから始めたアマチュアゴルファーにはハードルが高いのです。

ボールを凝視する方法がいい理由は、ふたつあります。

ひとつは、体の軸を安定させられるからです。もうひとつは、ヘッドアップせずに正しいインパクトを迎えられるからです。しかし、「ボールを凝視する」を大げさにやると、アドレスの姿勢が崩れる可能性があります。ではどうするか。

このスイングの構築過程で出てきたのが「目線軸」という考え方です。

背中側に軸があると意識して、スイングをして正しいインパクトを迎える。これを言われて実現できる人はごくわずかです。そこに「背中の軸」と「ボールを捉える」というふたつの意識が働くためです。人間はふたつのことを同時に意識して実行することが非常に困難な生き物です。だから目標をひとつに絞ることが大切なのです。

そう考えたとき、ボールと目のあいだに目線による軸を構築し、インパクトだけに意識を集中してボールを打つ方法を編み出したのです。

【目とボールのあいだに引く目線軸】

〈正面から〉

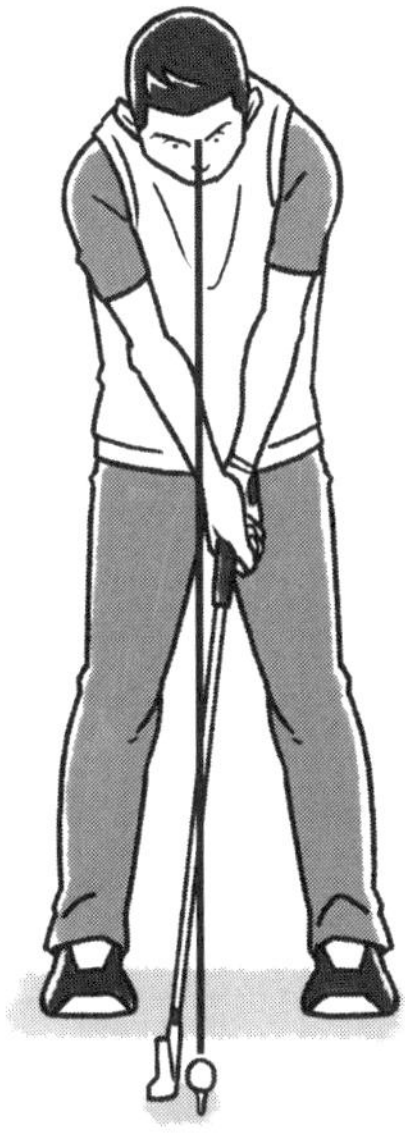

〈後方から〉

〈上から見た図〉

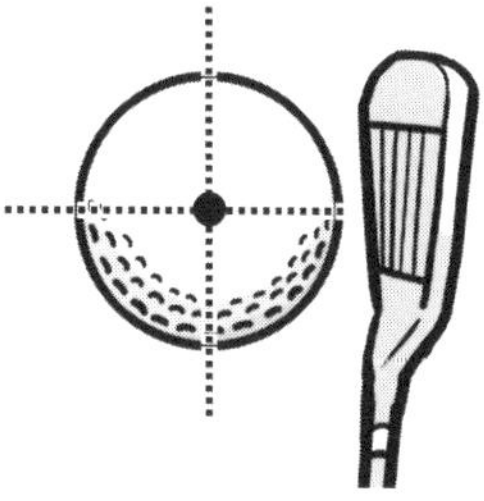

「背中を1本の軸として」などのスイング軸では、身体が固まって動かなくなってしまう。目とボールを結んだ線による軸ならば、安定したインパクトになることはもちろん、軸を柔軟に操作できてさまざまなライに対応していける。

【目線軸を保ったままスイング】

目とボールのあいだに引いた軸はインパクトを迎えるまでキープ。この軸を微妙にコントロールしていくことでショットの幅が広がる。

NG

どちらも目線軸が切れた状態。身体が突っ込んだり、のけ反ったり、理由はさまざまだが、正しいインパクトを迎えるには最後まで目線軸がブレないようにすることが最も大切。

この動作には、ひとつの考えしか生まれません。「ボールをしっかりと見て、それがブレないようにする」ということです。あとは、テイクバックやフォローなど意識をせずにただひたすらボールを打つ。これが、さまざまな情報に流されずに、自分らしいスイング、自分の身体に合ったスイングを構築する第一歩です。

私は、極端にシンプルな「インパクトの瞬間」だけを信じて、周りの目も気にせず一心不乱に振り続けました。まずは打つこと、そして振ることです。ただし、ただ打つだけではダメで、そこには明確な目的意識がなくてはなりません。インパクトをすべての核として捉え、その核を本質的な目的に据えることができたから、流されずにひたすら打ち続けることができたと思っています。

目線軸、そしてインパクトへの意識を強く持ってボールを打つために考えたドリルが『３ボール・インパクト』です。右、真ん中、左と３つのボールを置いて、それを基準に実際に打つボールを置いてショットをします。強いスイングはいらず、とにかくどの位置のボールもしっかりとインパクトさせることだけを考えて練習しました。

ドリル【3ボール・インパクト】

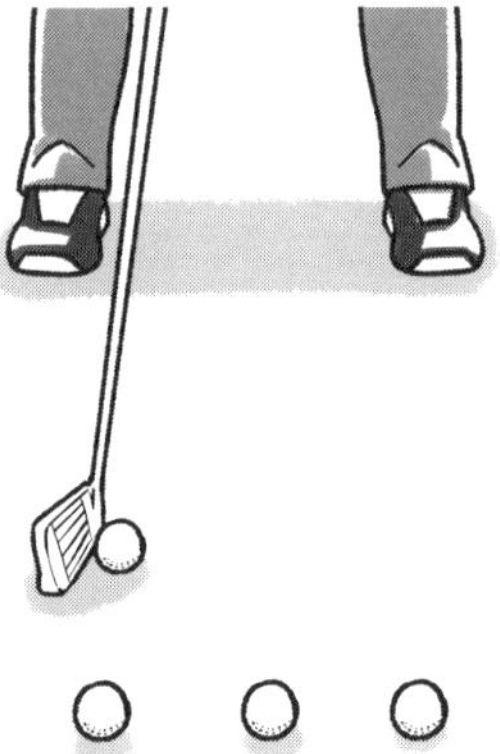

スタンスの中央に置いたボールの左右に、15センチほど間隔を空けてボールをセット。これを目印に自分が打つボールを置こう。

右側から順に真ん中、左側と打っていく。いずれも同じ方向へ飛ばすのが理想的だが、ボールは右→中央→左の順に高くなっていく。フェースの軌道が整い、より良質なインパクトをつくることができる。

このドリルは本当によくやりましたし、今でもインパクト確認のために行います。多くの人は大人になってからゴルフを始めるため、手っ取り早くうまくなりたいと考え、どうしても理論や理屈で頭でっかちになりがちです。ただ、それだけではゴルフはうまくなりません。強い意志と信念で、クラブを振り続ける。そんな期間もなければその先の大きな成長はないと思うのです。

ゴルフの本質はインパクトの一点。スイングの形よりもインパクトの瞬間を追う。

STEP 2

ドライバーは
インパクト後の50センチ

Small swing changes golf.

ドライバーのミスを減らすことがいち早く100切りへと向かわせてくれる

インパクトを中心に据えてスイングの構築を行っていた私は、徐々にコース上でもうまく打てるようになっていきましたが、まだ100を切ることができずにいました。スイングもよくなりコースでのミスも少なくなった。目線軸に気付いてからは、インパクトも比較的安定した。しかし、どうしても100の壁を越えることができなかったのです。

この時期、私はゴルフのスコアをつけることができるアプリを使用していました。スコア管理をするためのアプリが出たばかりの頃でしたが、プレーに集中するために、スコアを計算する思考を省きたかったというのがいちばんの理由です。

そして、スコアカードにはホールごとのミスを記載していました。ラウンドから帰ると、スコア管理アプリとスコアカードを照らし合わせ、復習をしていました。

頭がおかしくなったかのようにスコアアップを目指していた私としては、１００切りはいち早く達成したいことでした。なんで１００が切れないのかわからない！　おかしい！　そう思うくらい、練習での手応えがあったのです。

ゴルフを始めたときに定めた目標は「1年で70台」。これを必達すると決めていました。今までのゴルフの理論はおかしいと思い、そこを否定することから始め、なにがなんでも1年で70台を達成したいと、とても強い思いを持っていました。にもかかわらず、４カ月経過しても１００を切れていないという状態に、私は非常に焦り、自分で自分を許せませんでした。

そんなとき、一緒に暮らしていた母親には「そんなにゴルフのことばかり考えて、大丈夫？」と何度も言われたことを覚えています。本当に頭がおかしくなったのではないかと思ったようです。私は必ず「あなたの子だから」と返事をしていました。身近な家族からも頭がおかしくなったのではないか？　そう思われるくらいゴルフのことを考えていたのです。

そして、スコア管理アプリとスコアカードの両方を使って振り返ることで、100を切ることができない原因がはっきりと見えてきました。

それは、ドライバーのミスショットの多さと、ドライバーによるOBです。インパクトを中心に自分の身体に合うスイングの構築を行いましたが、ドライバーだけはどうしても克服できていませんでした。

コースに出ると、どうしても飛ばしたいという気持ちが膨れ上がり、右に行くときもあれば、左に行くときもありました。気持ちを抑えようとしても、メンタルのコントロールだけではどうにもならない自分がいました。

コースで打つ回数が多いのは、アイアンです。しかし、各ホールをスタートさせるドライバーが成功しなければ、どんなにいいアイアンショットを持っていても、発揮する場がなくなります。「このホールはパーを取りたい」と思ってドライバーを打ち、左右に大きく曲がれば、「ああ、このホールは最高でボギー、ダボの可能性もあるな」

と、その時点でメンタルをやられてしまうでしょう。

ドライバーは、ゴルフで最も重要なスタートを担うクラブなんだ、という認識を強めた瞬間でした。

ミスの理由を正確に把握することが成長の素。

ハードスペックのドライバーを全力で振って見えた「スイングのスタート」

ドライバーへの意識を高めたため、自信がつくまで徹底的に練習しようと決意しました。その時期は真冬だったのですが、「ハードスペックのドライバーを全力で振る」という無謀なトレーニングを敢行しました。練習場でも取り組むのですが、家の前にある道での素振りも行っていました。田舎にある実家の前は、街灯がかろうじてひとつあるような場所です。そんな状況での素振りトレーニングは怪しいもので、ご近所の方はビュンビュンとなんの音だろうと思っていたでしょう。

家の前の道には傾斜がありました。その傾斜があることにより、時折ダフりが出ました。アスファルトの上でダフるということは、すなわち金属とアスファルトの擦れたものすごい音とともに火花が飛び散ることを意味します。練習とはいえ、私はこの

【アスファルトの坂道でドライバー素振り】

あえて傾斜のある道で振ることで、ダフりを回避するためにはどうすればいいのかを考えるきっかけとなり、「スイングのスタート」をはじめ、クラブの軌道について深く考えるようになる。

音が嫌で嫌で仕方がありませんでした。でも、どうしても続けてしまう。そのくらいうまくなりたかったのです。

金属音とダフり、この不快な音と感触を味わいたくないという思いで練習をしていましたが、どうしても火花が散ってしまう瞬間がありました。その原因は「スイングのスタート」のポイントにありました。

ドライバーは最も長いクラブであり、少しでも傾斜のある場所でトレーニングを行うと、身体の軸がブレやすくなりスイングリズムの狂いからダフりが生まれます。また、いくつかの傾斜のある場所でスイングの練習をしていたこともあり、角度によりスイングのスタートのポイントを変えなければならなかったのです。

このスタートのポイントに気付いたことと、ハードスペックのドライバーを振り続けたことが、体幹のブレが少ないスイングに変化させることにつながりました。たとえ安定した一軸スイングでも、アドレスから振り上げるところをスイングのスタートと捉えてしまうと、クラブの円運動は安定しないということです。

【スイングのスタート】

トップの位置をスタートとすれば、軸がブレないスムーズなスイングになり、理想的なインパクトを迎えられる。アドレスの位置をスタートとしてしまうと、切り返しの捻転差に身体がついていけなくなり、インパクトがブレてしまう。

いちばん軽いドライバーでさえも、遠心力が働くため、思っている以上に重いものです。アドレスの位置をスタートとしてクラブを振り出すと、重いクラブに振り回されてテイクバックで身体が浮く。するとクラブは正しい円軌動の外に出てしまうのです。

そもそも、アドレスをスイングのスタートにすると、一度半円を描いてから、もうひとつの円を描くことになります。作業がひとつ増えるようなものですから、再現性がなくなり、精度が下がる可能性がある。スイングが安定しない大きな原因はこれだと気付いたとき、ひとつの答えが見つかりました。

スイングのスタートは、アドレスではなく、テイクバックをした頂点とする。テイクバックの頂点までの動きは、あくまでスイングのスタートへと向かう〝助走〟とする。そしてその後は、城島選手の言葉を借りれば「テイクバックからインパクトまでコマのようにクルッと回るイメージ」でスイングする。これで、ダウンスイングからフォロースルーまでひとつの円を描くことに集中できます。きれいな円運動になる可能性、つまりスイングの再現性が飛躍的に高まるわけです。

ゴルフを始めるにあたり、クラブの性質などもいろいろと調べました。昔のクラブならまだしも、現在のクラブは飛躍的に進化しており、飛ばしに関してはかなりサポートしてくれます。となれば、良質なインパクトさえあれば一軸スイングでもまったく問題なくボールは飛ぶだろう。いやむしろ、物理的により安定したスイングのほうが、より厚く（長く）クラブとボールを接触させるはずだと考えたのでした。

円運動に逆らわないスイングのスタート位置を設定する。

リリースポイントをボールより先に置く

超ハードスペックのドライバーは、練習場でも気付きを与えてくれました。普通に打っただけでは、どうしてもボールが上がらないのです。どれだけ力を込めても、まったくダメでした。

しかし、さまざまな打ち方を試していくなかで、あるポイントに気がつきました。超ハードスペックのドライバーですが、力を入れずに、リリースポイントを遅らせて、「ボールより先（目標方向）」に力を込めたときだけ、スムーズにボールが上がっていくのです。

たまたまですが、同じ時期に、女子アマチュアのトップ選手とラウンドする機会がありました。その選手とのラウンドは、驚きの連続でした。

私と同じレギュラーティーからラウンドし、明らかに私よりもスイングスピードが遅いにもかかわらず、ドライバーの平均飛距離が私を上回っていました。スイングには、まったく力が入っていないのです。そして驚くべきは、毎回同じ弾道で同じところにボールが飛んでいくことでした。

なにかあるはずだと観察していると、リズムがとても柔らかいことに気付きました。そして、テイクバックの位置で必ず、ひと呼吸おいてスイングしていたのです。

「大塚君、力が入りすぎだよ」

そうアドバイスをもらいました。私のドライバーのグリップを見ると、右手の人差し指が当たる部分が大きく擦り減っていることに気がつきました。

それからは、彼女のリズムを真似してドライバーを打つようにしてみました。グリップになるべく力を入れず、テイクバックでひと呼吸入れ、ただただボールのところを通過させるように振りました。すると、ボールはきれいな弧を描き、今までの力の入ったスイングでたまたまうまく当たったときと同じ距離に到達したのです。

「ドライバーはリズムだよ」
「コースでのドライバーの打ち方は思っているよりゆっくりでいいんだよ」
「気持ちが入っているからコースのほうがボールは飛ぶと思っていいよ」

このラウンドと彼女からのアドバイスがきっかけとなり、ドライバーの練習方法が大きく変わりました。そして、それまでよりもきれいな弾道で、より遠くへ飛ぶようになったのです。あまりの激変ぶりに、自分でも驚きを隠せませんでした。

練習場とコースのドライバーは別物。リズムに注力し、脱力する。

ドライバーショットの鍵は「インパクト後の50センチ」にあり

超ハードスペックのドライバーの練習で、ヘッドスピードは明らかに早くなっていました。これは、自分でも実感できるものでした。超ハードスペックのドライバーを使ってボールを飛ばすということを考えたため、勝手に力を入れるポイントが変わっていったのでしょう。ただ力任せに振ってもボールは飛ばない。それを理解できた証拠だと思います。

また、この時期、久々に仲間で行う草野球に参加しました。大きな違和感を覚えたのは、打席でバットを振ったときでした。

野球のスイングは、テイクバックからボールに向かって一気に一直線に振り下ろします。スイングのゴールは「ボールとぶつかる瞬間」です。

しかし、ドライバーは違います。ボールよりも先（インパクト後）に設定する必要があります。超ハードスペックを使用することで、そのことに身体が慣れてしまい、バットをいくら振ってもボールに当たりませんでした。野球のスイングとゴルフのスイングが大きく違うということを、身をもって感じました。

これらの経験から、「ドライバーの不思議」をさまざまな要因から探るようになり、最終的には「フェースとボールの接触時間にあるのではないか」と考えました。零コンマ何秒の世界ですが、ほんの少しでも接触時間が長くなれば、厚い当たりになり、スライスが激減。安定性と飛距離の両方が望めるようになると思ったのです。

つまり、〝インパクト前〟よりも〝インパクト後〟にスイングのゴールを設定し、そこをめがけてクラブを振っていくことで、クラブのフェースとボールの接触時間を長く保てるようになるのではないか、ということです。

このために私は、素振りのトレーニングでも、よりスイングの後半に強い力が働くようにしました。そうすることで、ヘッドスピードは変わらないものの、ドライバー

【スイングのゴールの設定】

ボールより先のゴールを目指すことで、ボールとフェースの接触時間を長くすることができ、いわゆる厚い当たりが実現できる。飛距離が伸びるのはもちろん、スライスなどミスショットも激減することになる。

の飛距離は大幅に伸びたのです。

　このとき、目線軸はボールとのあいだで保っています。そしてドライバーのヘッドがボールを通過する瞬間をきちんと見届けてから顔を上げています。ですので、インパクトよりあとをしっかりと振っていくためには、素振りの練習が必須となります。

　実際、ボールとの衝突があるため、インパクトの瞬間よりあとは確実にスイングスピードは遅くなります。しかし、スイングの後半に最も速いスイングスピードを意識することで、ボールとの接触時間は少なからず長くなります。たった一瞬の出来事ではありますが、そこに安定して飛距離が出る要因があるという結論に至ったのです。

また、スイングの後半を強くすることで、大きなスライスが出ることも非常に少なくなりました。


ドライバーは「インパクト後の50センチ」。これが弾道を安定させ、さらに飛距離を伸ばすポイントです。ただただヘッドスピードを追うのではなく、最も加速するポイントを整えることで、飛距離と安定性は大幅にアップするのです。


超ハードスペックのドライバーを力任せに振り回したことで、ドライバーの大きな気付きを得ることができました。やはり、教わったことをただ実行するだけではなく、やってみることから自分自身で気付きを得ると、それは身体の芯まで染みつきます。

とくにゴルフはそういった経験値の積み重ねが大切なスポーツです。

ただただボールを打つだけでなく、ゴルフの不思議を追いながら、自分で物事の理由を追い、見つける癖をつけていくことで、より深く、面白くなっていきます。運動神経のいい人だけがよいスコアを出せるスポーツでないところは、そういった部分も関係しているのではないかと思います。

また、超ハードスペックのドライバー練習は、スイングにおける「遠心力」の重要性も教えてくれました。それはもう少しあと、80台に入るあたりのことでした。

ゴルフは「不思議」を追うことが最高に面白いスポーツ。

スタートの役目を果たすドライバーは最も慎重に選ぶべき道具

この時点では私も考えていなかったことですが、とても重要なドライバーというクラブについて、少しお話しします。

ドライバーの飛距離は、基本的にはヘッドスピードとボールの回転数（適切な回転数かどうか）、およびクラブの反発係数で決まります。クラブの反発係数は若干の個体差はありますが、上限が定められているなかで製造が行われています。ですので、反発係数は置いておきます。

ヘッドスピードと適切な回転数は、とても重要な要素です。しかし、女子プロや、女子のアマチュアの選手よりヘッドスピードがあるにもかかわらず、それ以上に飛距離の出ない男子アマチュアゴルファーが多く存在していることも事実です。

これにはスイングのリズムと最加速点が大きく影響しています。「ドライバーはインパクト後の50センチ」という考え方が重要です。

基本的に、誰もが〝飛ばせる〟ドライバーは存在しません。しかし、その人にとって飛ぶドライバーは必ず存在します。

それは、自分のスイングの軌道に合ったヘッドの重心位置と、クラブの入射角に合わせたロフト角、それに行きつくためのシャフトの選択が大きく影響しています。自分に合ったクラブとシャフトを選択することで、なによりもボールの回転数の最適化を行う必要があります。

ヘッドスピードと、反発係数には限界があります。しかし、その人に合った回転数を得られるクラブ選択には終わりがないくらい、さまざまな選択が可能です。「飛ぶドライバーだ」という周囲の噂でクラブ選択をするのではなく、自分にとって飛ぶドライバーの選択を行いましょう。

自分に合ったクラブ選択は、ゴルフのスコアを上げるための大きな要因です。また、なぜ遠くに飛ぶのか？　なぜスピンがかかるのか？　なぜドローが出るのか？　なぜフェードになるのか？　このような不思議を追っていくことで、ゴルフの成長に重要なゴルフ物理を理解することにもなります。

自分に合ったドライバーのセッティングを見つけましょう。この作業を自分の力で行うことも、ゴルフの成長の過程には欠かせないことです。

自分に合ったドライバー探しは、ゴルフ物理を学ぶ入り口になる。

「インパクト後の50センチ」を確実に身につけるためのドリル

「インパクト後の50センチ」を練習することで、飛距離と安定感は飛躍的にアップします。ここで、私が取り組んだ、良質なインパクトをつくり出すドライバーショットのドリルを紹介しましょう。

ドライバーのインパクトの質を高めると同時に、飛距離アップに不可欠な股関節の可動域、柔らかさを増すためのドリルも同時にご紹介します。

ドリル【四股踏み】

両手を腰に当てて、上げる脚と反対の脚に意識を集中させながらゆっくりと行う。股関節周りの強さと柔軟性を出すには最高のトレーニング。とくにドライバーの飛距離に直結するため、このトレーニングが普通に行えるようになると飛距離と安定感が増すことは間違いない。

ドリル【ドライバーで100ヤード】

テイクバックもフォロースルーも浅めに設定し、腰から腰くらいの幅で行うのが効果的。インパクト時は必ず、顔を残してボールを見るようにする。最も長いクラブで小さな動きを練習し、小さなスイングを安定させる。その後にフルスイングを行うと、インパクト率が飛躍的に向上していることに気付くはずだ。

ドリル【新幹線通過インパクト】

しっかりと顔を残し、ヘッドがインパクト部分を新幹線のように通過していく、つまりただただボールのあるところにヘッドを通過させるという意識を持つ練習。軸がブレず、ヘッドスピードも速くなり、結果として飛距離と正確性を同時に得ることができる。ゆっくりのスピードから試していき、徐々にスイングスピードを上げていく。練習場で癖がついてきたら、コースでもそのままの意識で臨もう。

STEP 3

スモールスイングでブレイクスルー!!

Small swing changes golf.

「目線軸」のアレンジで正確なダウンブローを入手

紆余曲折を経ながらも、こうして徐々にスイングの構築ができ、自分の求めるスイングが身体に染みついていきました。それに伴って練習場では驚くほどいいボールが出るようになりました。力強く飛び出し、少し左に折れながら落ちていく、きれいなドローボールが打てるようになったのです。

ただし、スコアは極端に伸びることはなく、100を切ることができないままでした。

なぜスイング構築に時間をかけ、理想のスイングが身についてきたにもかかわらず、100を切ることができないのか？　その理由を考えに考えました。

答えはとても簡単でした。人工芝の上だからこそ実現できていたボールだったということです。いわゆる「練習場シングル」の状態でした。

ドラマで「事件は会議室で起きているんじゃない、現場で起きているんだ！」という有名なセリフがありますが、まさにそれに近い状態でした。「ゴルフは練習場で競うものではない、コースで競うものだ！」と言い換えることができるでしょうか。

なぜ練習場シングルの状態になってしまったのか。その理由は、練習場で偉そうに独自の理論で「インパクトがすべて」とスイングづくりを行っていたにもかかわらず、「ダウンブロー」という言葉を知らなかったからです。練習場シングルと呼ばれる方々の多くは、このダウンブローを正しく習得できていない状態にあると思っています。

スイングが素晴らしく、練習場ではきれいな強いボールを打つことができるが、コースに出るとスコアが伸びない。これはすなわち、「コースと向き合いきれていない」「さまざまな起伏あるコースへの適応力が足りない」ということです。つまり、天然芝のコースにおいてボールとインパクトさせる方法、ダウンブローができていないのです。

今だからわかりやすく話せることですが、夢中だった当時は、暗中模索のなか、100が切れない苦しさと、その壁を越える楽しさのあいだでもがいていました。完全なる自己流で始めていたので、ゴルフの本や雑誌も読んだことがありませんでした。そのため、恥ずかしながらダウンブローという言葉も知らなかったのです。

ダウンブローという言葉と出会ったときの衝撃は今でも忘れることができません。「今までやってきた自分のゴルフはなんだったんだろう」「始めてからの約4カ月間、私はなにをしていたのだろう」と、書店でゴルフ雑誌を立ち読みしながら呆然としたことを覚えています。

このダウンブローという言葉を知った衝撃から、自分のゴルフについての考え方が徐々に変化していきました。

自己流とはすなわち、独りよがりな考え方です。人の話を聞けない人が成長しないのと同様に、ゴルフに関しても独りよがりになり人の話に耳を傾けない状態では、いずれ壁がやってくるということを痛感しました。

そこから私は、ダウンブローの習得に打ち込みました。さまざまな本や雑誌に目を通したり、インターネットで「ダウンブロー　習得　練習」などと検索したりもしました。しかし、その方法でしっくりくるものがひとつも見つかりませんでした。これもまた、衝撃でした。

そうやって試行錯誤しながら練習していたとき、ふとした瞬間にボールの中央だけを見て練習していた自分に気がつきました。さらに、理科の実験のように、クラブヘッドを右手に、ボールを左手に持ってゆっくりゆっくり何度も動かし、ダウンブローの軌道を描いてみました。そのとき、ダウンブローにおけるクラブの最下点がボールの中央ではない、ということに気がついたのです。

ボールの中央に目線軸の起点を置いているから、ダウンブローにならないのではないか。ならば、ボールの左端に目線軸の起点を置いてスイングしてみよう。すると、驚くことに1球目から、今まで感じたことのない感触を得ることができました。ボー

【目線軸のアレンジ】

〈上から見た図〉

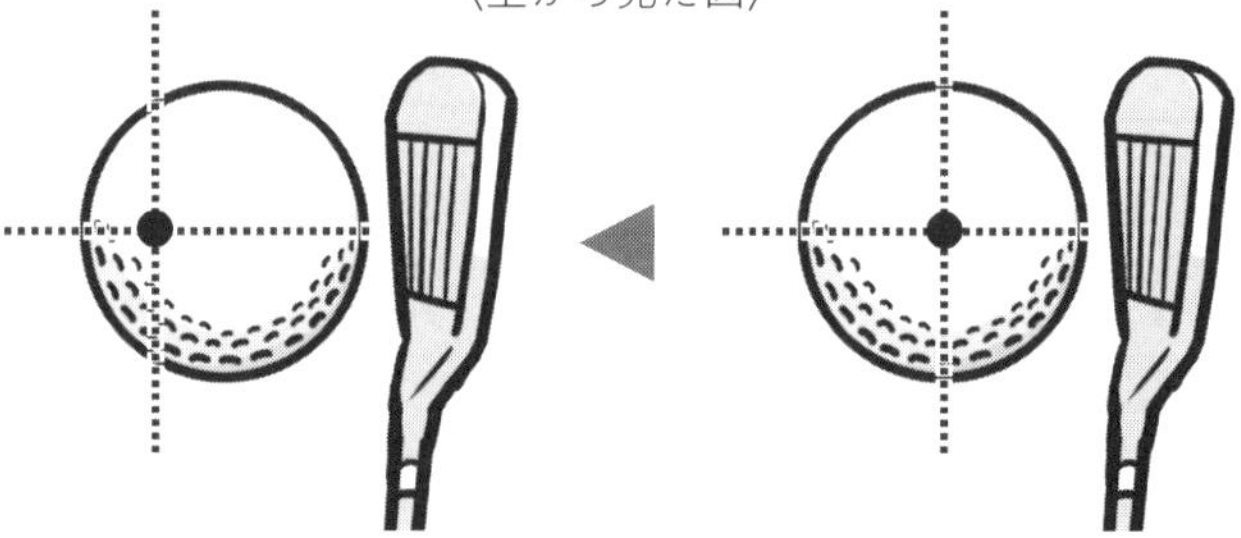

アイアンショットの基本はダウンブロー。目線軸の起点を「打ち出し方向」に設定することで、クラブの最下点も打ち出し方向に設定される。目線軸の設定ひとつで、ダウンブローで打ちやすくなるのだ。

ルにクラブが当たる音もまるで違う。本当に気持ちのいい音が出るのです。

打球もまるで違いました。途中からグイッと伸びていくようなバックスピンの多い弾道が出るようになったのです。

目線軸のポイントをたった2～3センチ、目標方向へズラしただけで、これだけショットに差が出るのです。これは、目線の起点としている場所、つまり目線軸の起点を最下点としてスイングしていることの表れです。

このときから目線軸をいかに使っていくかを考えるようになり、各クラブにおける目線軸の使い方をつくっていきました。

【目線軸を使ったドローとフェードの打ち分け】

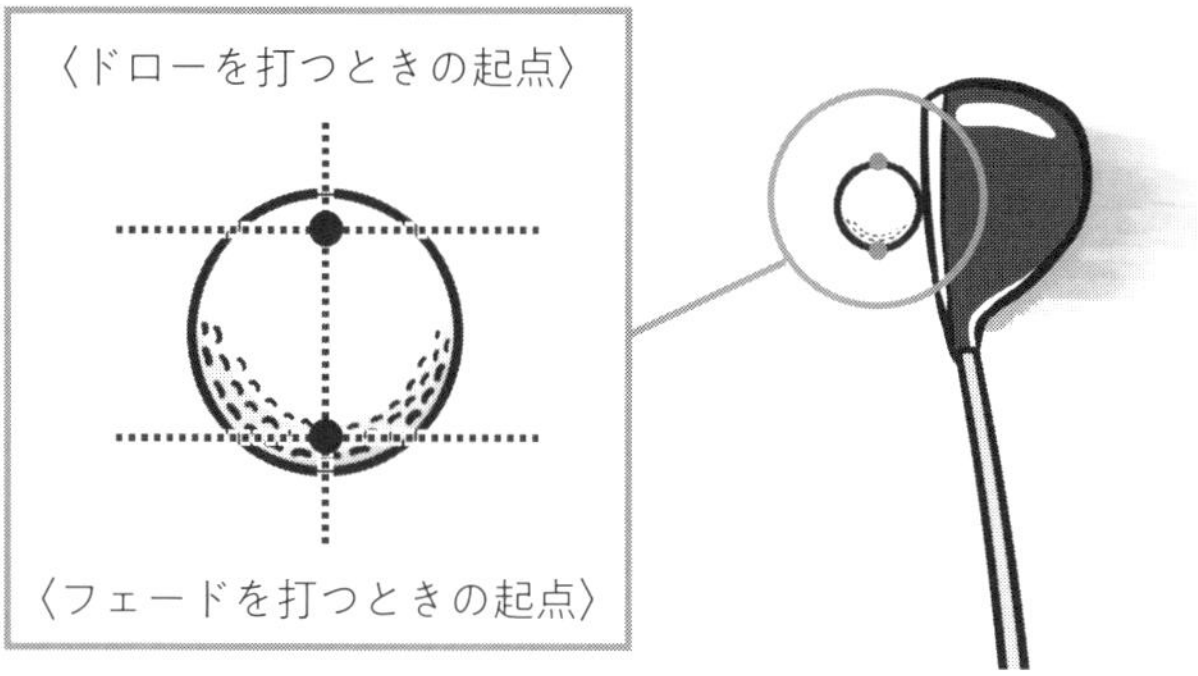

ドローを打つときはボールの「中央上」、フェードを打つときは「中央下」に目線軸の起点をつくる。

①目線軸を使ってドライバーでドローとフェードを打ち分ける

ドライバーショットにおける「ドロー」と「フェード」の打ち分けは目線軸を使って行うことができます。ボールを見るポイント、つまり自分の目とボールのあいだの軸をズラすことにより行うことができます。

・ドローを打ちたい場合
ボールの「中央上」に目線軸の起点を置く

・フェードを打ちたい場合
ボールの「中央下」に目線軸の起点を置く

また、ドライバーの距離が出ない、ボールがつかまらないという悩みを持つ多くのゴルファーは、ボールを最後まで見ていないケースがほとんどです。「ボールを最後までよく見よう」という言葉の本質は、クラブヘッドが通過するまでスイング軸を固定することで、インパクトの前後軌道を整えるということです。スイング軸の固定には、目とボールとのあいだの軸を正しく構築することが不可欠です。

②アイアンは目線軸を操作して各ライに対応する

セカンドショット以降のアイアンショットは、芝の上からのショットになるので、非常に細かいライの違いに左右されます。たとえフェアウェイだったとしても、つま先下がり、左足上がりなど状況はさまざまです。

最大の課題は、それらの状況が毎回すべて違うということです。一度たりとも同じ状況でゴルフをすることはありません。

いちばん影響を受けるのはスイングでしょう。練習場で行うような決まりきったスイングができない。地面の角度などにより体重移動のコントロールがスムーズにできない。インパクト時の入射角などにも大きな変化が表れ、思った方向に理想的な弾道でボールを飛ばすことが難しくなります。

だから、セカンドショット以降でのアイアンショットは不確実なものです。プロゴルファーでも、完全に満足できるアイアンショットは1ラウンドに1回あるかどうか。不確実なものとして捉えることで問題解決に少し近づくことになります。

この問題をクリアし、少しでもミスを少なくするには、最適化されたスイングに加えて、目線軸をコントロールすること、そしてブレないインパクトを迎えることが必要です。

次ページで、コースに出れば必ず出くわすといっていいシーンで、目線軸の起点をボールのどこに置けばいいのかを紹介します。ライへの対応がうまくできていない方はもちろん、より精度を高めたい方も参考にしてみてください。

〈平らなライ〉

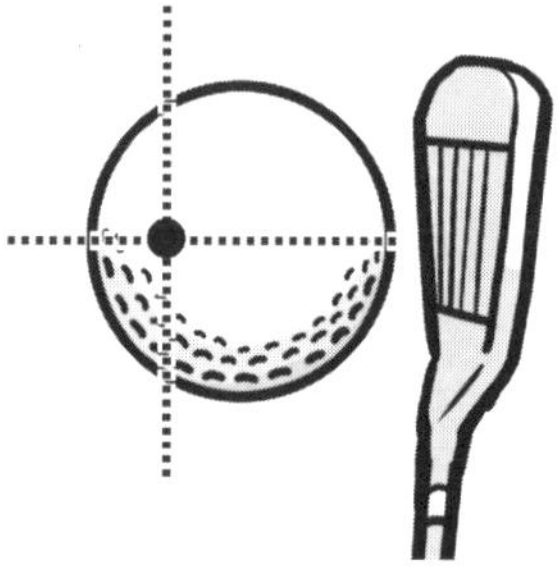

意識するのは正確なダウンブロー。傾斜により勝手に体重移動してしまうなどのリスクが少ないため、ダウンブローで捉えるオーソドックスな「打ち出し方向寄り」の位置に目線軸の起点を設定する。

〈左足下がりのライ〉

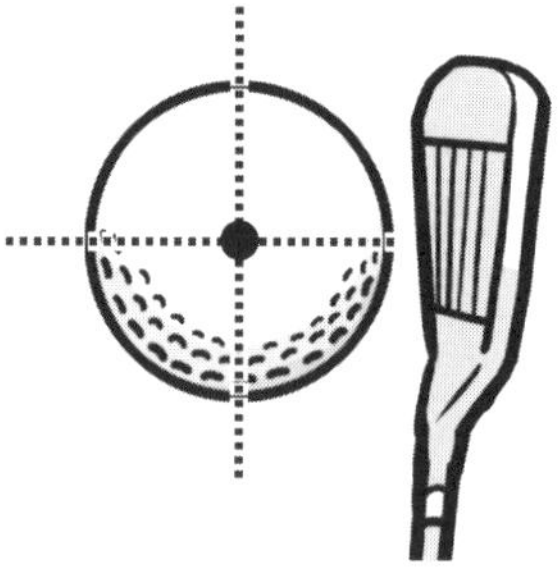

傾斜により身体が打ち出し方向に倒れそうになる。このリスクを考え、ボールの「中央」に目線軸の起点を設定することで、身体の動きを意識しすぎず、無駄な情報を排除してライに対応することができる。

〈左足上がりのライ〉

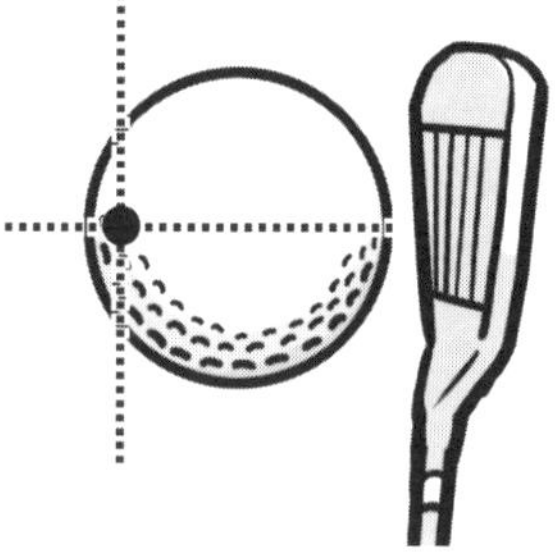

傾斜により身体が打ち出し方向と逆側に倒れそうになる。左足下がりとは逆で、「オーソドックスなアイアンの目線軸の起点よりもさらに打ち出し方向側（ボールの側面くらい）」に目線軸の起点を設定することで、傾斜側に動こうとする身体に対応できる。

【各ライにおける目線軸の起点】

ライごとにボールの位置を変えていくという考えもありますが、ここでは基本的にボールの位置はスタンスの中央にあるという前提で目線軸を設定しています。

〈つま先上がりのライ〉

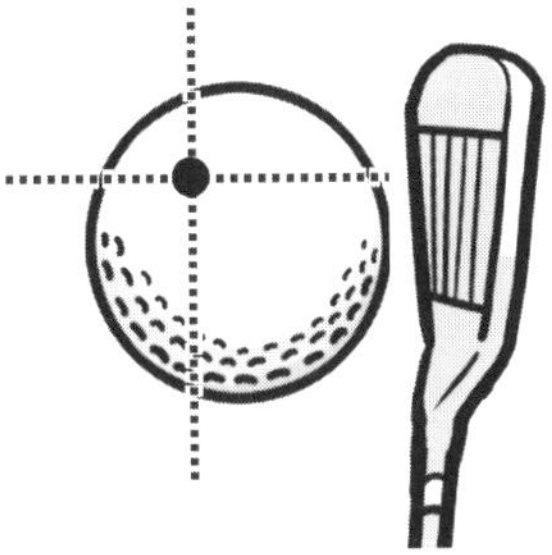

身体は後ろ側に動こうとするため、「オーソドックスなアイアンの目線軸の起点よりもやや上」に設定することで、身体の動きのリスクに対応する。ドローボールが出やすいライでもあり、基本はこの位置だが、角度の大小、また目標方向のハザードなどの状況により微妙に目線軸をズラすことを心がけたい。

〈つま先下がりのライ〉

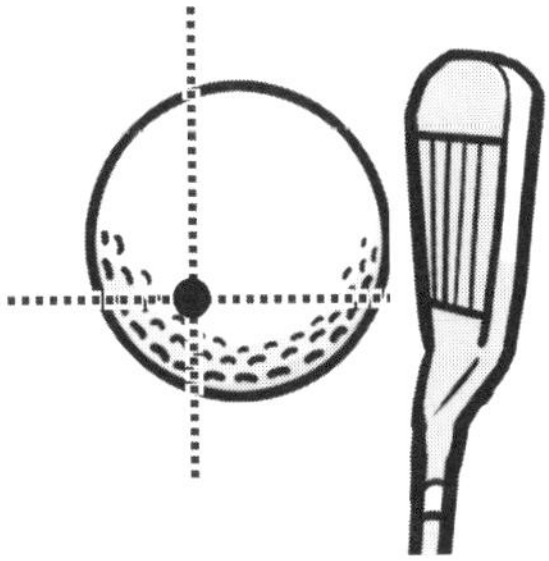

身体は前側に動こうとするため、つま先上がりとは逆で、「オーソドックスなアイアンの目線軸の起点よりもやや下」に設定することで、身体の動きを意識的に少なくし、リスクを減らす。ラフかどうか？　前方のハザードのリスクはどうか？　これらも考慮し、楽しみながら目線軸設定を行おう。

③アイアンとは異なるフェアウェイウッドの目線軸とインパクトの軌道

フェアウェイウッドのインパクトのイメージについて、よく「アイアンと同じだ」という話を聞くことがあります。確かに似ていると思いますが、ソールの形状、よりリスクを減らしたショット、という観点では微妙な違いがあります。

フェアウェイウッドは、アイアンに比べるとダフりのリスクがかなり低くなります。平らなソールであるということがいちばんの要因です。また、アイアンに比べると柔らかいシャフトを入れている場合が多く、シャフトのしなりが生じます。以上のことから、フェアウェイウッドでは、ボールを真横から打つ、つまり平らなインパクトを迎えることが理想的です。このインパクトの軌道は、目線軸のコントロールで実現することができます。これでスライスやフックのリスクは確実に減るでしょう。

フェアウェイウッドは、インパクトのコツさえつかんでしまえば、易しいクラブです。ボールも上げやすく距離の出る素晴らしいクラブ。アイアンとは違う、フェアウェイウッドのインパクトの軌道をつくっていくことが大切です。

【フェアウェイウッドとアイアンの目線軸と軌動】

〈フェアウェイウッド〉

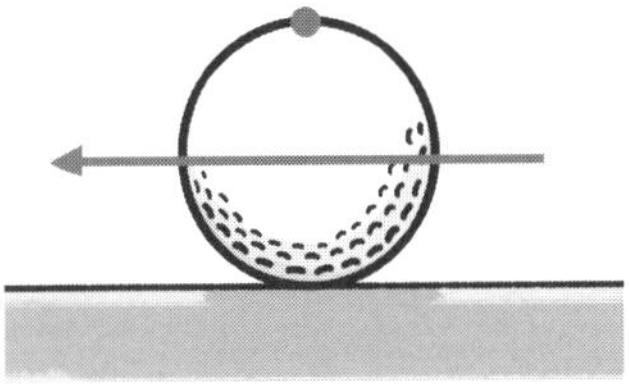

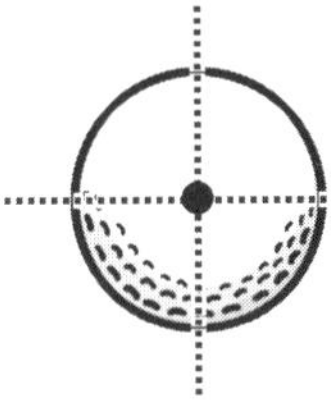

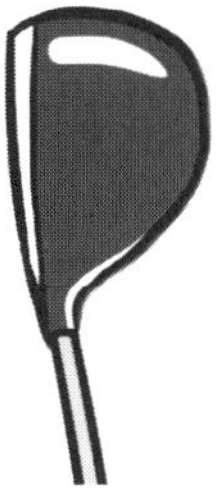

真横から見た図(矢印はクラブの軌道)　　上から見た図

ダウンブローで狙う人もいるが、ソールの形状を生かすことやシャフトの柔らかさのリスクを考え、ボールに対してなるべく平らなスイング軌道を描くことが理想的。目線軸を「中央」に設定し、ヘッドをボールの真横から走らせるイメージを持とう。

〈アイアン〉

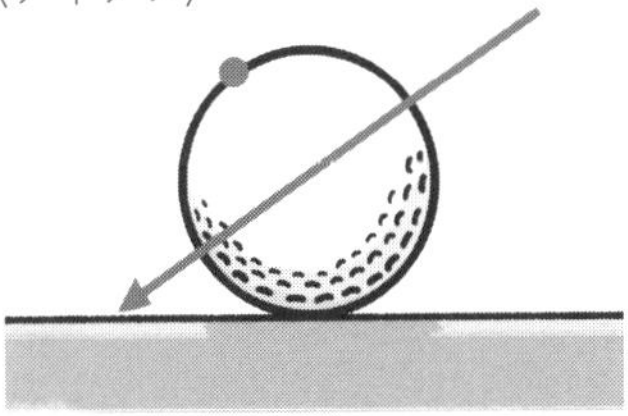

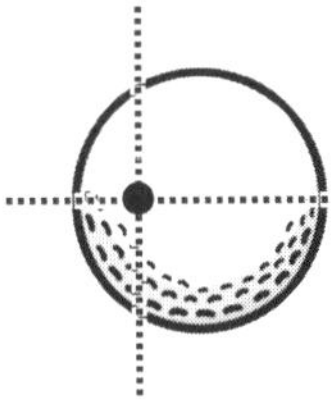

真横から見た図(矢印はクラブの軌道)　　上から見た図

アイアンショットの基本はダウンブロー。目線軸の起点を「打ち出し方向」に設定することで、クラブの最下点も打ち出し方向に設定される。目線軸の設定ひとつで、ダウンブローで打ちやすくなるのだ。

このように、さまざまなショットに応用できたことで、今まで自己流で行っていた目線軸の考え方に間違いはなかったと思えるようになりました。

独りよがりはよくないと思いながらも、ゴルフの不思議に対して、よりシンプルに考えていたことで、結局また独自の理論と向き合い追究していくことになっていたのです。

これで、すべてを疑うことから始まった私のなかのゴルフの理論が、自信から確信に変わっていくことになりました。ゼロベースで物事を考えたときに、おかしいと思うことはおかしいということなのではないか。固定観念に囚われることのほうが危険だと改めて思うようになっていたのです。

人の話を聞くということは、人としての基本であり、とても大切なことです。ただし、それだけでは新しいものは生まれず、そこにイノベーションは起こらない。その好例ではないでしょうか。

やはり今までのゴルフの一般的な考え方は間違っているのではないかと、さらに独自に、もっとシンプルな方法を追い求める大きなきっかけになりました。あと必要なものはスコアだけだ。ただの理屈野郎で終わらないためには、スコアという結果を必ず残さなければならない。そう思う気持ちがさらに高ぶっていくのを感じたのも、この頃でした。

ゴルフでは、自分なりの考えを追ってどんどんアレンジすることが大切。

一点突破の法則

得意クラブの獲得がスコアをつくる

インパクトをベースにした自分のスイングづくりを徹底して行い、その後スコア１００を切るためにドライバーを克服する練習を行いました。

ここまででわかったことは、インパクトを中心としたスイングづくりは間違っていないということ、そして目線軸の重要性、ドライバーの飛距離の不思議とインパクト後の関係です。

しかし、まだまだすべてのショットが安定しているというわけではなく、引き続きインパクトを中心とした練習とドライバーの安定性を増すための練習をひたすら行っていました。

１年で70台のスコアを出す目標を立てていた私は、この時点で１００が切れていないもどかしさと同時に、この先なにを行えば１００を切ったあとの90台前半、80台突入のゴルフができるかということを考えていました。

少し先走った考え方かもしれないのですが、目標を達成するまでの期間を定めたということは、そのためにやるべきことをやるということだと思っていました。今の時点で１００は切れていないけれど、目標は1年で70台なのだから、そのために必要なことはすべて考えておかなければいけないという考え方です。

シンプルに、70台のゴルフをしている自分を想像しました。ドライバーが上達して、フェアウェイキープ率も高くなった自分を想像したのです。その次にセカンドショットを打っている自分がいます。その次はグリーンオンしてパターを打っているか、グリーンに乗らずにアプローチをしている自分がいます。グリーンオンから2パットでパー、寄せてから2パットならボギーです。

こういった理想的な流れになれば、2回に1回ボギーでもトータルで9オーバー、すなわちスコアは「81」となります。こんな計算をしながら、つくづくゴルフの難しさを痛感しました。なにせ私は、まだ１００が切れていないゴルファーです。この時点ではまだ、１回でもパーが出れば大満足という状態でした。

想像するのは簡単ですが、２回に１回のボギーというペースがどれほど遠い未来のことか。また、２回に１回のボギーでも80台止まり……70台には入っていかないわけです。70台のゴルフがどれほど難しいことかと、うなだれたことを覚えています。

そこで、今までの自分のビジネスなどでの経験から、「一点突破の法則」をゴルフにも適用しようと考えました。まだまだ若輩者で、ビジネス経験も浅いですが、自分ではこの法則を信じていました。

どういうことかというと、仕事における必要なスキルのうち、すべてが平均以上であることは前提となりますが、なにかひとつ突出した武器があることで、その武器がほかの平均的なスキルをも引き上げる大きな武器となる、という考え方です。勉強でいうと、どんな問題が出てきても対応できる得意科目をひとつつくる、というイメージです。

仕事においては、私の場合「文章を書く」というスキルが最大の強みであると認識していました。このことは、仕事において大いに助けになってくれています。プレゼン資料をつくる際はもちろん、富岡製糸場の世界遺産登録に伴う観光マネージャーに着任していた際には、新聞に記事を書かせていただく機会も多く、地域住民の方々や観光客に自分の考えや地域の魅力を伝えるのに、とても強い武器になりました。

一点突破の法則にのっとって、私は得意クラブを1本決めることにしました。このとき私が決めたクラブは、52度のウェッジです。

理由は明白でした。コースに出て、自分のゴルフを分析していた際、ドライバーとパターを除くと52度のウェッジで打つ回数が最も多かったからです。多く打っているからこそ、愛着があるということも選んだ理由です。

「一点突破クラブ」を52度のウェッジに絞り、練習場では200球のうち100球近くを52度のウェッジに費やしました。練習のだいたい50パーセントを得意クラブの習得に費やしましたが、それはとても勇気がいることでした。しかし、得意クラブをつくるということは、そのくらい時間をかけないと、得意クラブといえる状態にはなりません。

まだ１００も切っていない私が、この時点でリスクを負って得意クラブの習得に時間を費やしたことは、実は後々とても大きな成果をもたらしました。

一点突破クラブをつくることができると、それが起点となり、その前のショットを安心して打つことができるようになります。結果、たとえ苦手なクラブでのショットでも、メンタルが安定しているのでよい結果が生まれる可能性が高くなるのです。パターを得意クラブとすることも、もちろん素晴らしいことです。そうすると今度はセカンドショットを楽な気持ちで打てるようになります。

このように、一点突破クラブをつくることは、ゴルフにおいて極めて重要なメンタルマネジメントにも直結するのです。

自信を持って「このクラブが得意だ」といえるクラブを持つ。

小さなスイングを連続することで
その先の大きなスイングが見える

一点突破クラブをつくるのと同じ時期に、より短い距離のアプローチの練習も数多く取り入れました。10ヤード、20ヤード、30ヤードを完璧に打つことができるまで、地味な練習をひたすら行ったのです。

練習のだいたい50パーセントを一点突破クラブの習得に費やしたとお話ししましたが、残りの球はほぼ30ヤード以内に費やしました。

インパクトを中心とした自分らしいゴルフスイングの構築と、ドライバーの習得、そして1年で70台という高い目標をクリアするために、スコアを崩している要因も分析しました。そういった過程のなかで、短い距離に対する徹底的な練習ができていないということに気がついたからです。

野球に喩えると、トスバッティングをひたすら行っているような状態です。野球選手でトスバッティングの下手な人がホームランを打てるでしょうか？　ホームランは打てるけれども、トスバッティングはできないという話はあまり聞いたことがありません。

ゴルフにおいても同様で、１００ヤード以内のショット「スモールスイング」の先に、強いショットやフルショットがあります。フルショットだけを練習しても、スモールスイングは実現できません。コツコツと地味なことを繰り返した先に、大きなご褒美があるのはビジネスでも同じ。そこで、とにかく地味だけれども、「スモールスイングを制するものがゴルフを制す」という気持ちで励んだのです。

この短い距離の練習や、一点突破クラブをつくるということも含めたスモールスイングの構築が、このあとの私のゴルフをブレイクスルーさせてくれることになるのです。

ゴルフでは、大は小を兼ねない。
しかし、小は大を兼ねる。

10~30ヤードのショットを〝やり抜く〟勇気があるかどうか

すべてのショットは、10ヤード、20ヤードのショットの延長線上にあります。

小さな力を大きな力に応用することはできますが、反対に大きな力を小さな力に応用させることは難しい。小さな力のトレーニングを徹底して行うことが、その後の大きなスイング、距離のあるショットの正確性に直結する。この原理に気付いた私は、10~30ヤードのショットを練習し続けました。

物理的に、１００ヤード以内にスコアの大半が集中しているのがゴルフです。であれば、短い距離の練習を行えば、最も手っ取り早くスコアアップすることが可能になるとも考えました。

１００切り前後で悩んでいるゴルファーは、一度すべてを捨てて、３カ月間は30

ヤード以内のトレーニングに集中してみてはどうでしょうか。スイング自体もそうですが、とくにインパクトが良質なものに変わるはずです。

実際のトレーニングでのコツは、距離を意識しすぎないことです。30ヤード以内であれば、葉っぱや線、練習場に置かれているネットなど目印を定め、ランダムに打ち続けるのです。

10ヤードはこのくらいのテイクバック幅、20ヤードはこのくらいのテイクバックで、といった練習をしている方もいますが、実はあまり実戦的ではありません。コースは、グリーンの硬さなどすべてが違います。まして、10ヤードぴったり、20ヤードぴったりを狙うタイミングはほとんど皆無でしょう。スイングの振り幅を基に距離を決めていく打ち方は、コースで自分の想定していた距離よりオーバーしたり、ショートしたりしてしまった場合、混乱が生じ、その後のプレーで自分の距離がよりわからなくなるというデメリットもあります。とくにアマチュアゴルファーは練習で振り幅をいくら練習しても、コースでの安定度は低いものです。

それよりも30ヤード以内で落とす目印を決めたら、そこに落ちるまで打ち続けることです。目印に打つことができたら、別の目印に変更し、またひたすら打ち続けることです。

こうした練習を繰り返すことで、30ヤード以内の距離に対する柔軟性が増してきます。また、常に一発勝負のコースでのゴルフにおいて、狙ったところに打つことができる確率も高くなります。その確率を少しでも上げるためにも、３カ月間、我慢して30ヤード以内だけの練習を繰り返してみてください。

この、一点突破クラブの習得と、30ヤード以内の徹底した練習、すなわちスモールスイングの徹底的な習得と練習が、今まで１００切りのできなかった自分のゴルフを大きく変え、今までやってきたインパクトを中心としたトレーニングを一気にブレイクスルーさせることになりました。

ゴルフを始めて半年が経った頃、ついに初めてスコア１００を切ることができたのです。

そのラウンドは「91」で回ることができました。そして、その次のラウンドでは、一気に10打も縮め、「81」のスコアで回ることができたのです。

振り返ると、これはインパクトを中心とした自分のスイングづくりを信じてやり続けたこと、その次にドライバーを徹底して練習したこと。そしてなによりも、今までの練習をすべてつなげてくれる接着剤のような役割を果たしてくれたスモールスイングの習得が、１００を切ったのちに一気に80台前半までスコアを引き上げてくれたのだと思います。

スモールスイングの本質は、インパクトにありました。小さなスイングでのインパクトが、実はゴルフにおいては最も難しいということに、徹底した練習の末に気付いたのです。

大きなスイングだけを練習していては小さなスイングで正しいインパクトを迎える

ことはできませんでした。しかし、小さなスイングで細かなインパクトをたくさん練習すると、それを大きなスイングのインパクトに応用することができたのです。これが、スモールスイングとインパクトの重要な関係であり、ゴルフにおいて最も難しいところをクリアしていく考え方の鍵になりました。

そして私自身も、スモールスイングを確立できたことで、スコアが一気に縮まりました。そのくらいスモールスイングの習得はゴルフにおいて重要なのです。

たった1ヤード。ドライバーショットにおいては、あまり重要ではないかもしれません。しかし、アプローチの1ヤードのミスはその後1パットで入るか、入らないか、つまり1打分に相当するのです。だからこそ、スモールスイングのインパクトが重要なのだと、スコアが一気に改善したこの取り組みから実感しました。

スモールスイングはすべてのクラブをつなげる接着剤のような役割を担いますが、言い換えれば、最も難しい、レベルの高いインパクトを繰り返すことで、インパクトの質が飛躍的に向上しスコアに直結するといってもいいかもしれません。

「スモールスイング」は
ゴルフにおいてすべてをつなげる
接着剤の役割を果たす。

インパクト率をより高める スモールスイング・ドリル

ゴルフをブレイクスルーさせるスモールスイングのドリルをご紹介します。

ゴルフにおいて、左手はボールの方向を定める役割となり、右手は強弱をつける役割を担います。小さなスイングだからこそ、それぞれの手の役割はより大きくなり、繊細さが求められます。

両手の精度をより高めるためのドリルを、ぜひ取り入れてみてください。

ドリル【1ヤード刻みショット】

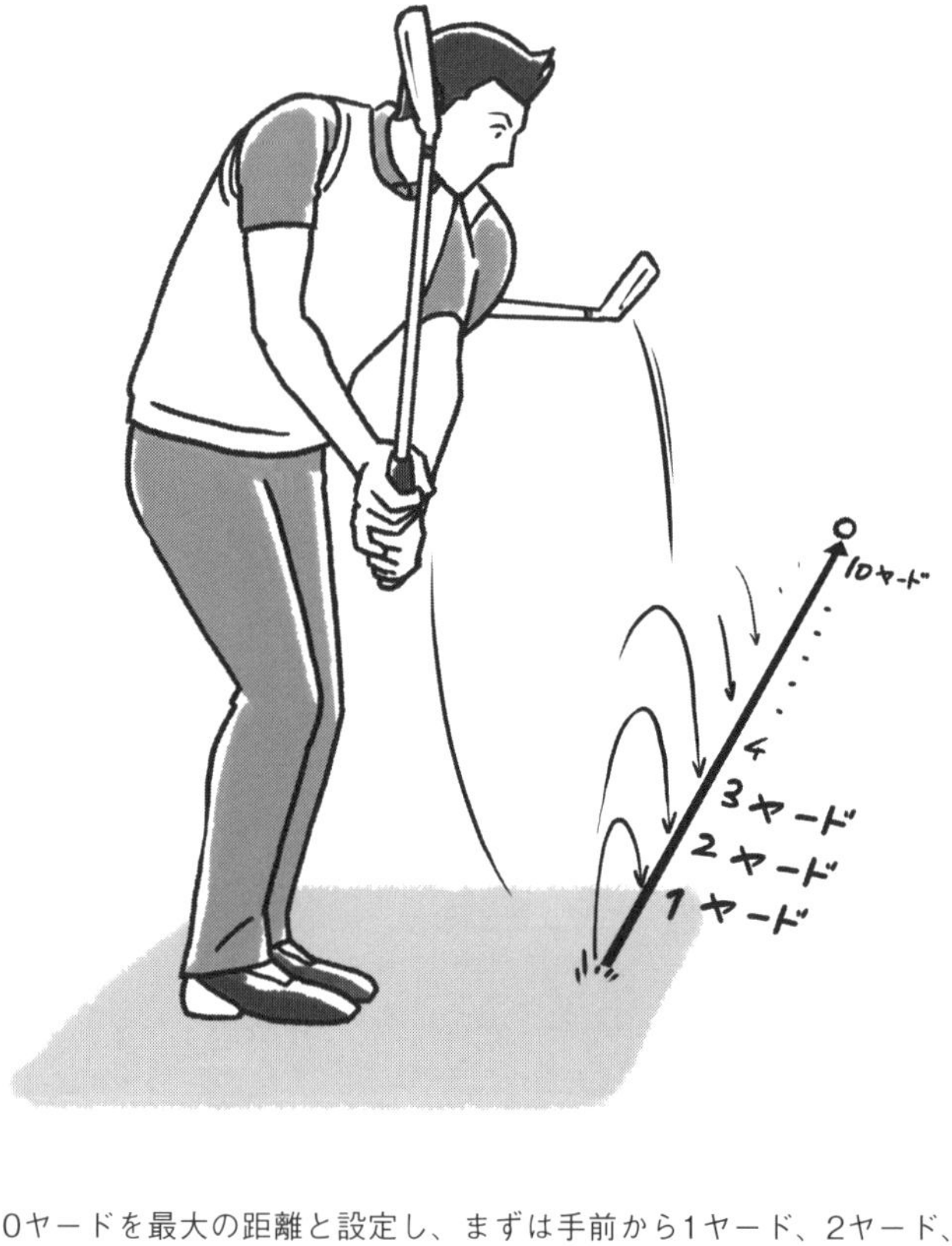

10ヤードを最大の距離と設定し、まずは手前から1ヤード、2ヤード、3ヤードと徐々に距離を伸ばしていく。その後10ヤードに到達したら10ヤード、9ヤード、8ヤードと徐々に距離を短く戻していく。この往復を何度も何度も繰り返すことで、非常に小さな筋肉の使い方を覚えていくことができるようになる。慣れてきたら1ヤード、8ヤード、5ヤード、9ヤードのようにランダムに打っていくと、より柔軟なアプローチを行うことができ、実戦的なトレーニングになる。

ドリル【30ヤード以内感覚ショット】

30ヤード以内の範囲で目標物を決め、ランダムに狙っていく練習。テイクバックの幅などで調整する打ち方ではなく、狙いを定め、あくまで感覚で打ち続けること。コースでは、決まった型が通用するシーンはほとんどない。練習でも同じように感覚のみでどこに落とすかを狙ったトレーニングをしたほうがスコアに結びつく。

ドリル【左手一本押し込みドリル】

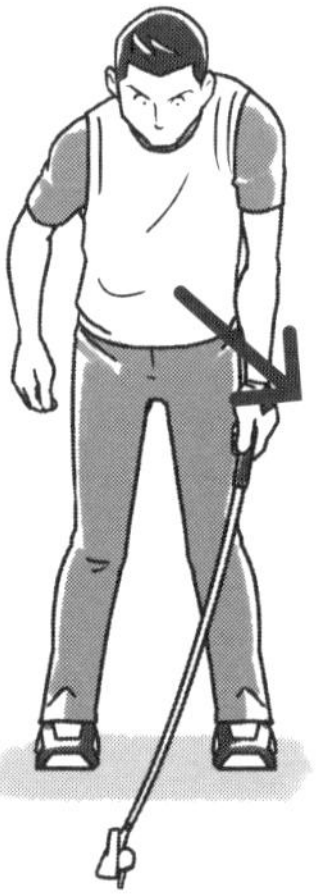

左手一本でボールを前に飛ばす練習。インパクトの際、左手を少し押し込む意識を持つ。まずは短いウェッジから行い、徐々にクラブを大きくして7番アイアンまでできるようになればベスト。ゆったりとしたスイングリズムで、とくにスイングのスタート位置であるテイクバックの頂点を意識。これを繰り返し、すべてのクラブに共通の正しいスイングリズムを身につけることで、飛距離にも大きな影響を及ぼす。

ドリル【リビングの床板右手一本ドリル】

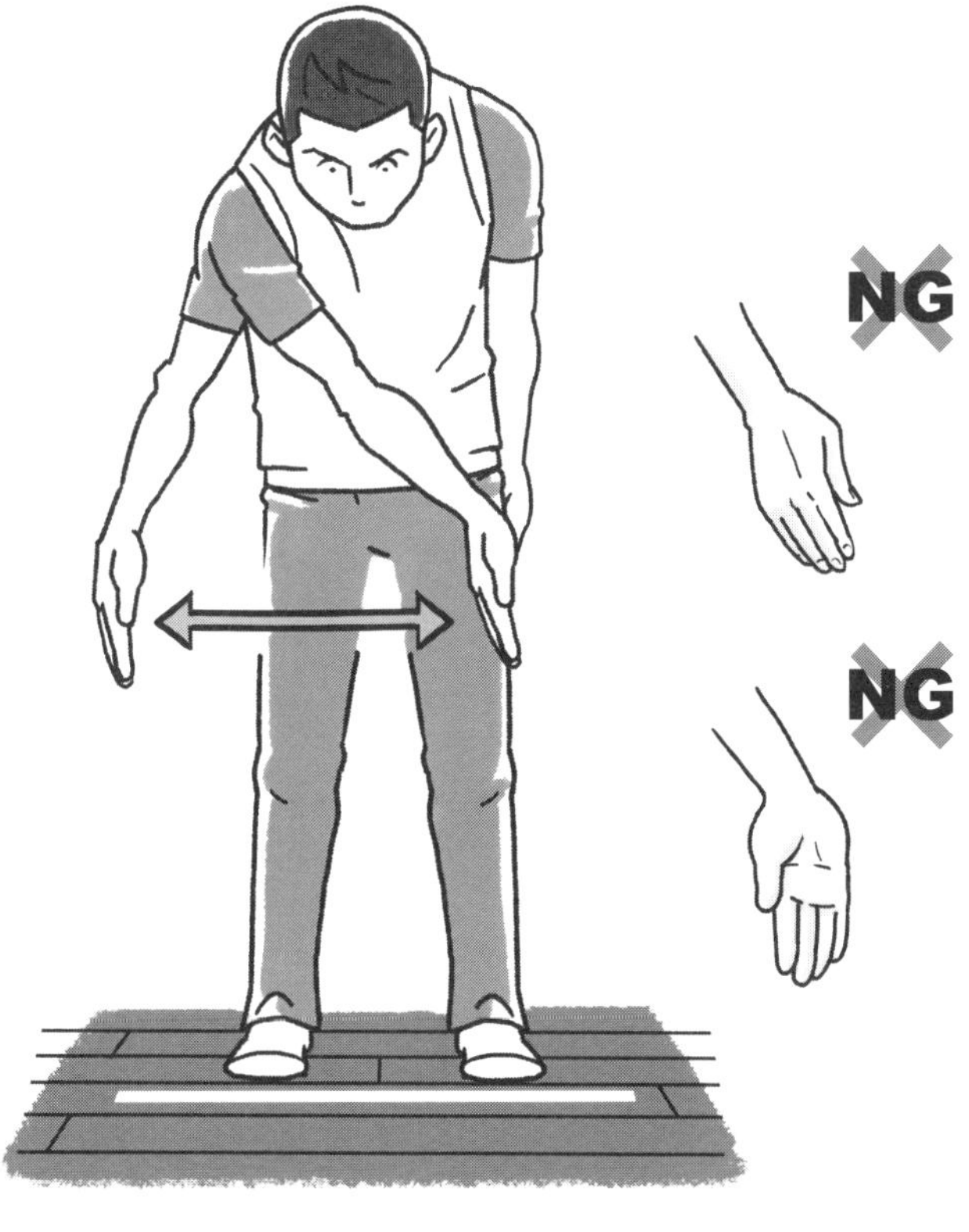

なにも持たずに、フローリングの板の線に合わせて行う、家でもできるドリル。図のようにフローリングの板と平行に立ち、右手一本で何度も何度もひたすらフローリングの板をなぞる。右手を常に平らに保つことを意識して癖づけることで、とくにアプローチやパターなどの短い距離で右手のミスを防ぐことにつながる。

STEP 4

ついにわかった！
70台の世界を見る方法

Small swing changes golf.

伝説の練習場に通って芝の上からボールを打つ回数を増やす

１００切りを達成し、その後一気に80台前半でラウンドできるようになりました。これは、固定観念に囚われず、インパクトを中心とした自分の身体に合ったスイングの構築と、安定したドライバーショットやスモールスイングの習得、これらのトレーニングが効果的であったということの証です。

ただし、１００を切るまでにこれだけの時間を要するとは思っていなかったため、非常につらい時期でもありました。これは目標が高かったことと、自分ならできるという思いが強かったからだと考えています。

しかし一方で、1年で70台という高い目標があったからこそ、常にレベルの高いところでゴルフができるようになろうとイメージしていたことは大きくプラスに働くことになりました。

そのイメージがつながってくる大きなきっかけとなったのが、スモールスイングの習得でした。１００ヤード以内、さらには10ヤード以内のショット、１ヤード単位のショットを徹底して練習し、スモールスイングを習得したことはスコアの大幅アップにとても大きな役割を果たしてくれました。

小さくて弱い力を、大きくて強い力に応用させることはできるけれども、大きな力を小さくすることは極めて難しい。これを学んだことが、私にとってとても大きな経験でした。

しかし、ここから70台を目指す道のりはまた、とても長いものでした。80台前半から半ばのあいだをウロウロしながら、なかなか70台に突入していくことができませんでした。

あと1打足りない。あと2打だった……。そんなラウンドが続いていました。

そんななか、社会人になってからプロゴルファーを目指し、実際にプロになった方のインタビューを見る機会がありました。そのなかで、最後の1年は芝の上から打つことができる環境を求めて練習していたという話を耳にしました。同じ頃、私は家の庭の一部を天然芝にして、アプローチの練習を始めていました。その練習を通して、芝の生え具合によって、ボールの回転数やクラブの入り方がまったく違うということ、ライの重要性を学んでいる最中でした。

練習場の人工芝とコースの天然芝では大きな違いがあります。まったく違うものと捉えたほうがいいでしょう。よくいわれることかもしれませんが、これをなかなか理解して受け入れることができないのが、多くのゴルファーです。

その経験から、芝からショットをするということの必要性を感じた私は、当時、公営の河川敷コースに行くことで、なるべくコースに出る回数を増やしていました。しかし、さすがに週2回のペースで行く時間的、金銭的余裕はありませんでした。

そんなとき、家から車を30分くらい走らせたところに、すごい練習場があるという噂を耳にしました。

そこは、芝から打つことができ、近くのゴルフ場の研修生など、とにかくストイックなゴルファーも練習に来ているという話でした。芝からショットを打つ回数をなるべく増やしたいと思っていた私は、なにかヒントになるのではないかと、藁《わら》にもすがる思いでその練習場に向かいました。

初めて行ったときは、現場付近に到着しても、その練習場を見つけることができませんでした。周りを見渡してもどこにあるのかわからずにいると、畑のなかに電柱が立っていて、ボロボロの布のようなものが垂れ下がっている場所を見つけました。

行ってみたところ、小さな駐車場があったのでそこに車を止めると、受付らしき場所で初老のご主人が対応してくれました。

お金を払い、その男性からボールを受け取りましたが、まずそのボールに驚愕しました。ほとんどのボールが割れていて、黒ずんでいたのです。練習場はとにかくボロボロで、四方を畑に囲まれ、布のようなネットは穴だらけ、その向こうには川が流れていました。横幅はだいたい30ヤードくらいで、縦の距離は１８０ヤード前後。タイムスリップして、別の時代に来てしまったかのような錯覚に陥りました。

　この練習場では、ドライバーを放つとボールが川まで飛んでいってしまいました。極端なスライスやフックをして、左右に大きくブレた場合は畑に飛んでいきます。つまり、ネットはかろうじてついているけれど、ただついているだけで、その役割を果たしていないのです。

　しかし、この古びた練習場がすごいのです。いちばんは、「芝から打っていい」というルールがあることです。ルールはあるものの、現実的に芝から打ったほうが打ちやすいというのもあります。なぜなら、打席もボロボロで、人工芝は擦り切れ、ボールを置いて打てる場所がほとんどないからです。ルールとしてもオーケーですが、練習場の打席には誰もいません。打席から前に歩いていき、芝から練習している人がほとんどでした。

　その芝が、またきれいな芝ではありません。芝とはいうものの、そのほとんどが雑草です。緑色ではあるけれど、コースのようにきれいな高麗芝などではありませんでした。

この日本一ストイックであろう「伝説のゴルフ練習場」での練習は、芝から打つこととインパクトの大切さを教えてくれました。そして、本気で上達を目指すのであれば、場所やボールは一切関係ないということも教えてくれました。

ライが悪い雑草でも、それはむしろ練習になります。コースにおいては、すべての状況を受け入れなければなりません。練習場の設備や、ボールに文句を言う人に出会うことがありますが、上達したければ、まずそれをやめるべきです。なぜなら、自分の理想とする完璧な状態でショットを迎えるシーンは、コースにはどこにもないからです。むしろその環境をコースに照らし合わせて、自分のゴルフの成長につなげるのがベストだと感じました。

付け加えると、練習場においては、実はボールの質はあまり関係ありません。練習場では、よいボール軌道を求めるトレーニングよりも、インパクト率を高めるためのトレーニングに注力すべきだからです。インパクト率を高めるトレーニングに切り替え、練習場での練習の目的を明確にすることで、成長を加速させることができます。なぜなら、複雑な動きが求められるゴルフは練習の順序を整え、それぞれの目的を明確化しないと、正しい成長軌道を描くことができないからです。

ゴルフでは誰も助けてくれません。そして条件は、みな一緒です。海外のゴルフトーナメントでは、もっともっと過酷な環境でプレーをしているプロゴルファーもいます。強風でも、それを友達にしなければならないのがゴルフです。

すべてを我がこととして、自身のゴルフの成長につなげなければ70台の世界は見られない。そう強く思い、練習場やゴルフコースの環境、つまりは外的条件に文句を言わず、少しでも多くボールを打とうと思い、自分を満足させないよう追い込んで練習を行うようになりました。

練習の目的が明確であれば、環境はまったく関係ない。

インパクト率向上に欠かせない7番アイアンでのスモールスイング

伝説のゴルフ練習場での練習で決定的に大切なことだとわかったのは、どのようなライからでも方向性の安定したボールを打ち出すための「ダウンブロー」でした。

クラブヘッドをボールに対してきちんと上から入れることで、さまざまなライの状態に負けないゴルフのインパクトを習得する必要がありました。質の高いダウンブローの習得は、どんなライからでも安定した方向に打ち出す技術をもたらすことになる。ライの悪い場所からの練習で、自然とそう学んだのです。

ゴルフを始めてから4カ月ほどのあいだ、ダウンブローという言葉さえも知らなかった私ですが、伝説の練習場で芝の上から練習を行うことで、ライというゴルフにおける究極の課題と向き合い、改めてダウンブローの本当の重要性に気がつくことになったのです。

その時期に私が練習として取り入れたのが、７番アイアンでひたすら１００ヤードを打つトレーニングでした。

ボールを中央からやや右に配置し、低い弾道で１００ヤードを狙います。必然的にスイングは小さくなり（スモールスイングになり）ますが、この弾道で１００ヤードを飛ばすには、きっちりとインパクトしなければなりません。

次ページのドリルは、インパクト率のアップ、スモールスイングの習得など、すべてを網羅した絶好のトレーニングです。弱い力でのスイングになるため、ケガのリスクも回避できます。繰り返し行うことで、効果がどんどん上がっていきます。

シンプルすぎて、「え？」と思われる方もいるかもしれませんが、林からのリカバリーショットや強いアゲンストの場合のローボールのショットなど、さまざまな場面で使うことができるショットです。

ドリル【7番アイアンで100ヤード】

ボールをセンターからひとつかふたつ分、右に置いて、7番アイアンで100ヤードの低いボールを打つ。練習場の平らな場所では低く打ち出し、やや右に曲がっていくボールが理想的。パンチショット気味に、ボールにたたきつける意識で行う。インパクト率の向上のみならず、林に入ってしまった場合のリカバリーショットなどにも有効だ。

非常に地味に感じるかもしれませんが、これを続けることに大きな意味があると思っています。

小さくて地味なこと、その積み重ねの先に大きな喜びがある。

「遠心力」を正しく理解することで70台も目指せるスイングに変わる

80台のゴルフに突入したあとは、自分のスイングのリズムについても分析と研究を始めました。

スイングの形については、インパクトをすべての中心として捉えるトレーニングで構築し、迷いなく自分らしいスイングができるようになっていました。そして、70台を目指すにあたり、もっと力を入れずにスイングができないかと思い、「いかに脱力した状態でボールを前に飛ばすか」というテーマと向き合ったのです。

練習で左肩を痛めた経験も、より身体の負担を少なくしてボールを前に飛ばすことを考えるきっかけになりました。より力を抜いた美しいスイングをつくり上げることで、より美しいゴルフを目指したい。気合いばかり入れて、練習しすぎると、ケガをするリスクが大幅に増えてしまうということを防ぐ狙いもありました。

特殊な身体の動きを求められるのがゴルフですから、自分のスイングを構築するフェーズでは、気合いを入れてたくさん振ることも極めて重要です。楽してゴルフがうまくなるということは、基本的にはありえないことだと思うからです。しかし、80台に突入し、70台を目指すゴルフになると、「いかに考えるか？」が重要になってくると感じました。そして、より効果的で、密度の濃い練習をすることで、より高いレベルに上がっていくと考えました。つまり、ゴルフの不思議について、ほかの人よりも深く理解し、真理を追究していかなければ、よりよいスコアを出すことはできないと考えたのです。

そこで、スイングのリズムと力を入れるポイントについて、さまざまな角度から分析し研究しました。これは、超ハードスペックのドライバーの練習をたくさんしていた頃に少し気付いていたことでした。

左足が上がっている場所でのスイングリズムと、右足が上がっている場所のスイングリズムとでは、求められるものが違います。また、超ハードスペックのドライバーをたくさん振ることで、スイングはただ単に力を入れるのではなく、力を入れるポイントをズラせばボールがより遠くに飛んでいくということを感じていました。

さらに、コースでのダフりなどのミスショットの多くは、「遠心力」に逆らったときに起こっているということに気付きました。スイングを支配しているものは遠心力で、それに対して自分の腕の力などが逆らった動きをしたとき、多くのミスショットが発生していたのです。

クラブは、想像以上に重いものです。そのクラブを自分の力で操作しようとして、腕や、グリップしている手に力が入ると、トップやダフりのミスが発生します。つまり、円運動をしようとしているクラブを、あえて正しい軌道から外す動きになってしまうわけです。

円の動きに逆らわない。そしてクラブは自分が思っている以上に重いものだということ、だからこそ自分が想像している以上に遠心力が働いているということ。それを

【遠心力との付き合い方】

上の図はテイクバックの頂点をスタート位置にしてスイングしたとき。遠心力に逆らうことなく正しいインパクトを迎えることができる。下の図のようにアドレスをスタートとすると、スイングに必要な力の方向とは逆に遠心力が働き、テイクバックの頂点の時点で正しい円軌道から外れてしまう。そこから無理にスイング軌道を戻そうと思っても、縦の力が働きすぎることにより、多くの場合ダフりにつながる。

ドリル【エア樽投げ】

樽を持っているイメージで、その樽を遠くに飛ばすにはどうしたらいいかをイメージして行う。アドレスの状態をスタートとしてテイクバックの頂点まで速いスピードで持っていった場合、身体が大きく振られてしまうことが想像できるはず。テイクバックまではあくまで助走で、そこからインパクトよりもあとに向かって振っていくことで、重い樽も遠くに飛んでいくイメージが持てる。メディシンボールがあれば、最初にメディシンボールでイメージをつかむといいだろう。

理解したのです。よくいわれる、「クラブに仕事をしてもらう感覚」という言葉の真実は、ここにあるのでしょう。

当時、遠心力を身体で理解するために行っていたのが、『エア樽投げ』でした。実際に樽は投げませんが、遠心力に逆らわない身体の動きが身につきます。

この遠心力への理解と、スイングリズムの構築が、70台という非常に難しい領域に向かうきっかけとなりました。

遠心力を理解して脱力できれば、スイングは完成する。

アイアンはテイクバックの30センチ
アプローチはテイクバックの15センチ

また、ドライバーのみならず、アイアンショット、アプローチショット、パッティングなど、すべてにおいてスタートにはポイントがあることにも気がつきました。

アドレスからテイクバックに向かうポイントをスイングのスタートとすると、遠心力に逆らってしまうことが多く、スイングがスムーズに行えません。ですので、アドレスの状態をスタートにするのではなく、テイクバックの頂点をスイングのスタートと定義することで、より安定したショットが生まれるようになるのです。

これは、ドライバーからパターまですべてに共通している内容で、遠心力に逆らわずにスムーズにボールに力を加えるために発見した考え方です。

アドレスからテイクバックの頂点まではあくまで助走です。スイングは始まっていないという意識を持つことが大切です。そして、テイクバックの頂点からがスイングのスタートです。

さらに言うと、アイアンショットとアプローチショットでは、テイクバック（助走のさせ方）にもポイントがあります。

「アイアンはテイクバックの30センチ」

「アプローチはテイクバックの15センチ」

スイングのスタートはテイクバックの頂点で変わりありませんが、スイングのスタートに向かうまでの考え方として、アイアン、アプローチの場合はスイングのスタート地点までの助走路で「まっすぐ引く」という意識を強く持つ必要があります。

しかし、インパクトを中心に考えたとき、アイアンのインパクトはドライバーほどインパクト後を意識する必要はありません。比較的強くたたきにいっても、ドライバーほど大きく右に曲がるリスクはありません。

円のサイズはドライバーに比べると圧倒的に小さく、身体のより近くで縦の円運動が求められます。

スイングのスタートに向かう助走路30センチをまっすぐ引くという意識を持つだけで、スムーズなスイングのスタートを迎えることができます。そして正しい縦の円運動を描きやすくなるのです。

アプローチもアイアンと同様の考え方ですが、より小さな円運動になるため、アドレスから打ち出し方向に対してまっすぐ15センチの助走路を意識することで、正しい円運動に乗せられて、よりよいスタート、そしてインパクトを迎えられます。

アイアンとアプローチの場合、より繊細な動きが求められます。ゴルフクラブは多くの方が考えている以上に重く、遠心力の影響を強く受けるものです。そのなかで、より細かい狙い所など繊細な動きが必要なクラブだからこそ、スイングのスタート前の動きが重要になるのです。

どのクラブも想像以上に重いため、スイングのスタート地点に向かう助走が鍵を握る。

理想のスイングを実現しても越えられないインパクトの壁

インパクトを中心とした自分のスイングを追求していくなかで、自分の考えていた一軸のスイングに間違いはないということは徐々に確信を持つことができました。しかし同時に、理想のスイングを実現しただけでは越えられない大きな壁があるということもわかりました。

矛盾していると思われるかもしれませんが、スイングをいくら素晴らしいものにしても、誰が見ても美しいというスイングにしても、絶対に越えられない壁が「インパクトの壁」です。

いくらスイングが整っても、良質なインパクトを生み出さないことには、ゴルフにおいて素晴らしいショットを打つことはできません。スイングのリズムや軌道が整えばいいという理論もありますが、これには、はっきり「ノー」と言えます。よりよいボールを打つためには、インパクトを整えるためのトレーニングを行う必要があるのです。

結局、よいインパクトを迎えられれば、よいスコア、よいゴルフに直結します。スイングは大切な過程ではあります。しかし、インパクトの重要性を超えることは絶対にありえないのです。

では、スイングとインパクト、それぞれをどう捉え、いったいなにをすればいいのか？

この頃から私は、ゴルフ練習場でのトレーニングと、自分の部屋でのトレーニングを分けて考えるようになっていました。つまり、インパクトを中心に捉えるトレーニングと、スイングのトレーニングを分けて考えるということです。

ゴルフ理論の中心にあるものは、「インパクトを中心とした、自分の身体に最適化されたスイングづくり」ということは今も変わりません。私自身もインパクトを中心にスイング構築を行いました。

しかし、ゴルフのレベルが向上し、自分のスイングの形ができ上がってからは、練習場ではインパクト率を高める練習に集中し、部屋などではスイングリズムを整えるトレーニングを行いました。

意識を分けて考えることで、より目的が明確になり、それぞれの質が上がっていきます。そして、それがつながった瞬間にブレイクしていくという感覚がありました。「インパクト率の向上」と「スイングの構築」は切り離して考え、意識を切り替えてスイングを行うことでより早く成長することができるのです。

ゴルフは複雑で難しいものです。それをなるべくシンプルに捉え、そしてトレーニングの目的を明確にすることで、難しいゴルフが少しでもわかりやすくなり、さらには上達の速度が上がるわけです。

しかし、ここまでゴルフの成長に集中し、何度も何度も練習しても、なによりも重要なものはインパクトであり、その壁はゴルフにおけるどの要素よりも重要であると

【室内でスイングリズムを整える】

市販の柔らかいスイング棒を使う。柔らかい棒だからこそ、スイングのスタート位置を定めないと正しい動きをしてくれない。テイクバックの頂点から、ボールのある位置よりも50センチ以上先でしっかりと音をさせることで、正しいスイングリズムを身につけることができる。なかなか練習に行けないときや、ラウンドの前日などは、このスイングリズムを整える動きに集中することで、ラウンドに備えるといいだろう。

思い続けています。

　自分の身体に合ったスイングの構築のために、インパクトを中心としたスイングの構築を行い、その後ドライバーの壁にぶつかりドライバーだけを整えるトレーニングを徹底的に行いました。

　そして、今までつくってきた自分なりのスイングを大きくブレイクスルーさせてくれたのがスモールスイングです。すべてのスイングは小さなものを大きくすることはできても、大きなものを小さくすることはできません。スイングのエッセンスがすべて詰まっているのがスモールスイングだということに気付き、一気に80台前半のゴルフに到達しました。

　そこから芝の上で打つトレーニングを通じて「ライ」の重要性に気がつき、ライを少しずつ克服していきました。より効率的なスイング構築に励み、ついに70台に到達することができたのです。

ゴルフの神様はインパクトに宿る。

私のゴルフをブレイクスルーさせてくれたスモールスイングの本質も、インパクトです。大きな動きから小さな動きに変えて正しいインパクトを迎えることはできないということです。

小さな動きを徹底し、それを大きな動きに変えていくとき、インパクト率は向上していても、下がっていることはありえないということです。

当たり前だけどなかなかできない欲をかかずに丁寧にゴルフをすること

初めての70台は「76」というスコアでした。ゴルフを本格的にスタートして10カ月が経った頃でした。

前半はいつもどおりの状態で、「40」で折り返しました。後半は、とくにスコアを意識することなく、集中が持続してゾーンのような状態に入っていました。

意識することが少なかったのがよかったのかもしれません。気がつけば、あっという間に最終ホールを迎え、2バーディー2ボギーの「36」でホールアウト。このときは大好きなゴルフをして、目の前のことにただ集中していた、という感覚でした。気がついたら70台で、しかもハーフベストの36を出していたのです。

コースのなかで無駄な意識をなくすということはとても大変なことです。しかし、意識までもが無駄な要素になるのがゴルフなのだと実感しました。

ただ、無駄な意識を取り除けたとしても、技術がなければ70台のスコアを出すことは難しいのがゴルフです。技術という支えがあって初めて、よいスコアは達成されます。そのためには、日々のトレーニングにより、技術と意識を育てる必要があるのではないでしょうか。

また、運も味方につける必要があります。一打一打を大切にしなければ70台のスコアは達成されません。そして、ゴルフにおける一打一打は本当に繊細なものです。時に運が悪ければ、簡単に1打をロスすることもあります。

しかし、それこそがゴルフなのです。

運を味方につけるいちばんの方法は、今のその状態のすべてを受け入れるということです。林に入ってしまったら、無理して前を狙わず丁寧に横に出す。するとその次のショットでなぜかベタピンになる。そんな経験をされているゴルファーも多いのではないでしょうか。ゴルフの神様は見ているのだと、私は思っています。

そして、ゴルフの神様が最も嫌うのは「欲」です。

無理をして欲深いプレーをすると、ゴルフの神様はさらに罰を与えます。欲をかかずに丁寧なゴルフをすれば、神様は味方になってくれます。

70台のゴルフになってくると、本当にそのくらいの気持ちで、風、ハザード、ライ、すべてを受け入れて、ゴルフを愛して伴走する気持ちが、いいスコアを運んでくれると思っています。

すべてを受け入れて初めて70台のゴルフが実現する。

ゴルフの物理を理解することで
コースマネジメントは始まる

1年で70台に突入する目標を達成したわけですが、その後のゴルフでは、時には80台後半を出してしまうこともありました。しかし、妙に冴えている日は、ショットが安定しなくても70台前半で回ることもあり、ゴルフというスポーツの魅力や味わいがどんどん深くなっていきました。

そんななかで、スイングリズム、インパクトなどを生かすコースのマネジメントについても、さまざまなことを考えるようになりました。

この時期にはよく、「コースマネジメントってなにをしたらいいのか？」と聞かれました。「次はどこを狙ったらいいのか？」など、ラウンド中に質問を受けることもありました。そのときに私が答えるのは、「そこを狙えますか？」です。

結論から申し上げますと、ゴルフは物理でしかありません。遠心力を基にしたスイングのリズム、そしてインパクトの入射角とインパクト時のスイングスピード、ライ、風向きと風速、そしてボールのディンプル、芝がボールとクラブのあいだに入ることによるバックスピンへの影響など、すべてが物理の計算式で成り立つものです。

まずは自分のスイングで、ある状態でショットしたときにボールがどういった動きをするかを把握する必要があります。

例えば前上がりのライでショットを行うとドロー系のボールが出ます。風がアゲンストの場合、アゲンストに対しては強いボールが必要になりますが、ボールの力が弱くなる落ち際ではボールは強めに左に持っていかれる可能性が高くなります。このような場合、グリーンオンを目指すには、まずグリーンの左側にハザードがあるか、これを考えなければなりません。

このシーンは一例ですが、このように物理を基にリスクを計算することからコースマネジメントは始まります。

最も大切なことは、いちばん打ってはいけないところに打たない、ということです。そのために物理を基にして、いちばん打ってはいけないところに打たない確率を高くしなければなりません。ですので、一打一打、常に物理の計算を行ってから打つことになります。

難しいと思われるかもしれませんが、慣れてくると非常に面白くなってきます。私も初めは、どうなるのかを頭で考えるのに時間がかかった時期もありました。しかし、慣れてくると、それが楽しくなるのです。

大切なことは、物理的にこういう弾道になるだろうと思ったら、まず打ってみることです。打ってみて初めて、ボールの動きがわかります。一打一打が実験です。考える↓打つ、考える↓打つを、繰り返し繰り返し行うことで、ゴルフの物理がどんどん見えてきます。

答えは打たなければわかりません。まず考え、そして打っていくことで、コースマネジメントに必要な正しいショットを習得することができます。その先に初めて、コースマネジメントが発生するのです。

コースマネジメントには限界があります。プロのように常にアンダーを狙うゴルフでない限り、そこまで難しく考える必要はありません。私の場合も、得意なショット＝一点突破クラブを起点にコースマネジメントを行っているだけです。要するに、一点突破クラブをたくさん使うために、その前のショットを考えて打っていくということだけなのです。

ゴルフは物理ですべてを説明することができる。

「自分の部屋」でゴルフをすることでメンタルをコントロールしてショットできる

多くのアマチュアゴルファーを悩ませるのが、ゴルフにおけるメンタルマネジメント、メンタルコントロールだと思います。アマチュアゴルファーの場合、メンタルに支配されているといっていいほど、ゴルフのスコアに大きな影響を及ぼしています。

私も同様で、メンタルから崩れることが多々ありました。多くの場合、視覚から入る情報でメンタルが崩れ、ショットが乱れていきます。

そこで、私が心がけたのは、ショットを打つ際に「自分の部屋」をつくるということです。少しわかりにくいかもしれませんので、具体的に説明します。

ティーグラウンドからショットを放つ際、私はルーティンとして、まず景色を眺めながらボールの横で2回スイングをします。このときは、部屋のことはなにも意識していません。そして、一旦ボールを後ろから確認し、クラブを刀だと思って目標方向を指します。

そこからアドレスに入るときは、左足から5歩で入ります。その5歩目に入るとき、すべてが遮断された、小さな自分の部屋に入ることをイメージしています。そうすることで、景色をすべて除外するので、目標方向にも目は向けません。あとは、自分のリズムでショットをスタートさせます。

このルーティンはアイアン、パターなどでも同様です。

自分の部屋に入ってショットをするイメージを持つことで、気持ちも楽になりますし、ショットの方向に対する意識が弱くなることからヘッドアップのリスクを防ぐこともできます。

自分の部屋でゴルフをする。自分の部屋に入る感覚でメンタルをコントロールする。ぜひ試してみてください。

コース設計者との化かし合いに勝つには、景色を見ないほうがいい。

すべてのショットが集約されたパターは「インパクト後の10センチ」

70台に入ってから、とても重要になってくるのがパターです。

「ドライバー・イズ・ショー、パット・イズ・マネー」という有名な言葉がありますが、やはりスコアを決めるのはパットです。70台以降のゴルフはパットでしか差がつかないといっても過言ではありません。

そして、ドライバーショット同様、パッティングにおいて最も重要なことは、「インパクト後の10センチ」にポイントを置くことです。インパクト後を整えることで、パッティングは飛躍的に向上します。

パッティングにも、ドライバーショットなどと同様につかまっていないボールが存在します。つかまっていないボールは、カップインまでのグリーンのラインに乗ってくれず、右にヨレたり、途中で止まったり、カップインの確率を下げることになります。ただ転がすのではなく、きちんとインパクト後を意識して、つかまったボールを打っていく必要があります。ただ転がすのではなく、きちんとつかまったボールを打つことがパッティング上達の第一歩です。

一打一打が重要になる70台のゴルフですが、80台、90台のゴルフでも応用できる内容です。インパクト後の10センチを大切にしたパターの練習を積極的に行うことで、一打一打がより近くなってきます。なぜなら、スモールスイングにもつながることですが、パッティングにはショットのすべてが凝縮されています。パッティングを整えることで、ウッド、アイアン、ウェッジ、すべてのショットが向上するからです。

私も調子が悪いときは、まず最初にパターのトレーニングをやります。パッティングを整えることができると、ドライバーまでのすべてのショットが改善されるためです。

ドリル【左手一本でパッティング】

自宅のパターマットや、ラウンド前の練習グリーンなどで行うドリル。スイングにおける司令塔であり、リズムも司る左手一本でゆったりとパッティングすることで、ほかのクラブのスイングリズムも安定する。気持ちを落ち着かせてゆったりと、ボールの先を打つ意識で行うこと。

また、パッティングにおいてもインパクトの目線軸は有効に働きます。上りライン、下りライン、フック、スライスなどによりインパクト時の微妙な圧力の違いを目線軸がサポートしてくれるのです。

大切なことは、いつもどおりのボール位置で、ストロークでも同じように、目線だけを変えることです。そして、インパクトの前後、とくにパッティングではインパクト後の10センチを忘れずに、大切にしながらストロークに臨みましょう。

ゴルフを始めてから70台を目指した1年間、誰よりも考えに考えたと自分では思っています。ダウンブローを知らなかった4カ月間には、ハードスペックのドライバーを肩が壊れるまで振った時期もありました。そうやって紆余曲折を経て、ようやく70台にたどり着いたからこそ見えたことだと思いますが、遠心力とクラブの動きの関係、インパクトの重要性、インパクト後の10センチを打つということ。さまざまな経験から学んだもののすべてが、パッティングに凝縮されています。

【ラインごとの目線軸の起点】

※ボールの上の番号は「①上り／②平ら／③下り」を表す

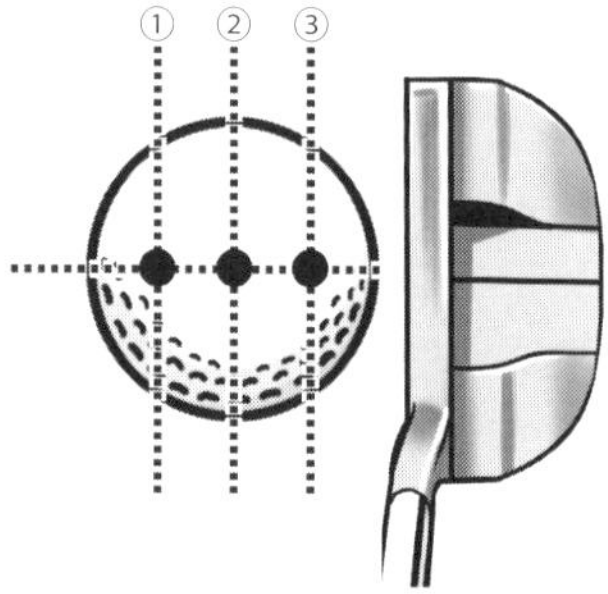

〈ストレートライン〉

ストレートなラインとはいえ、微妙なインパクトの厚みをコントロールする。繊細さが求められるパッティングだからこそ、細かな決めをつくることで、少しでも転がりをイメージに近づけカップインの確率を高めていく。

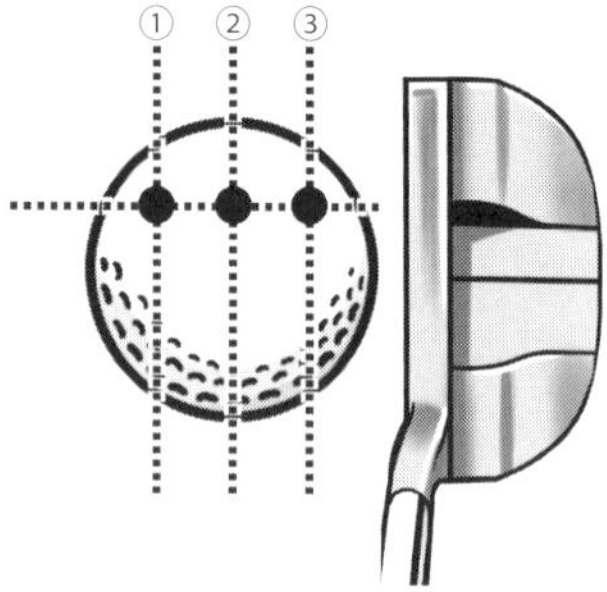

〈フックライン〉

フックラインの流れに逆らうことなく転がすために、目線軸は「やや上」に設定する。目線軸を微妙にコントロールすることは、ボールへの影響はわずかだが、イメージに大きく影響するので大切。ヒットする際は、インパクト後の10センチへの意識を忘れずに。

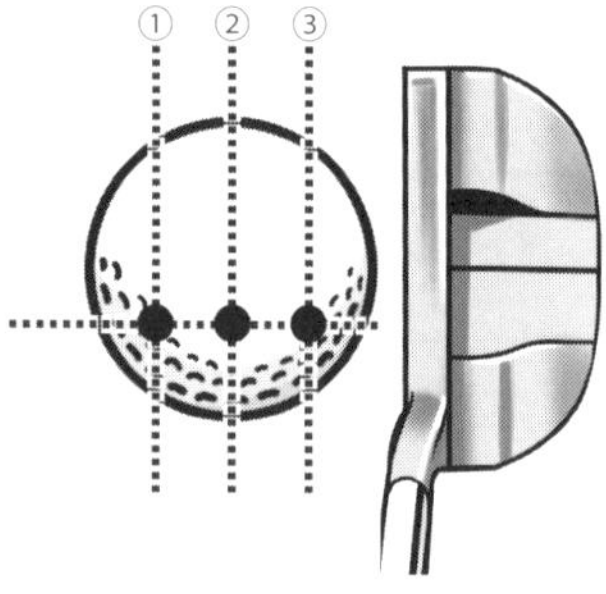

〈スライスライン〉

スライスラインに逆らうことのない、イメージどおりのラインを描くために、ボールの「やや下」に目線軸を設定する。目線軸とインパクトの厚みのコントロールは、細かいことではあるが、慣れてくるとルーティンにもなってイメージが出しやすくなる。

非常に小さく、繊細な動きだからこそ、正しい動きを行えなければ正しいパッティングにはなりません。「大は小を兼ねない、しかし小は大を兼ねる」のがゴルフです。パッティングを徹底的に行うことで、そのまま大きなクラブのレベルも上がっていくことは私の経験から間違いのないことです。

ゴルフにおける究極の「小は大を兼ねる」がパッティングです。

パッティングには、ゴルフで大切なすべてが詰まっているのです。

パッティングは
ゴルフのすべてが凝縮された
究極のスモールスイング。

エピローグ

自分の体験から振り返る、より効率的なトレーニングの順番

ここまで、私が70台を出すまでの1年の過程で考えたスイング構築の理論や、取り組んだドリルなどを紹介してきました。

今振り返ると、「これはもしかしたら無駄だったのかな」「この方法は、もっとこうしておけば成長が早まったかな」と思うところはいくつもありました。しかし、無駄だと思っていたことが実は重要だった、ということは世の中にいくらでもあります。無駄を経験したから、より洗練された方法が生まれるのは顕著な例でしょう。

最後に、私なりに自分の方法を振り返って考えたとき、最も早く上達し、スコアアップが実現できる手順を紹介したいと思います。

しかし、まだ100切りを達成していない方が、これだけをやればすぐに70台とはいきません。やはり練習する過程で、ある程度の数のボールを打つ必要はあると考えているからです。ただ、やみくもに数をこなすのか、良質なインパクトとはなにかを考えながら打つか。行う方法によって成長度合いに差が出てくる、ということです。

①インパクトへの理解(徹底した座学)

ゴルフクラブとボールとの接点であるインパクトを正しく理解している人はあまり多くありません。映像や、写真などでインパクトの瞬間を見たり、自分のクラブをスローでボールにぶつけたりしながら正しいインパクトを理解することが重要です。

私はダウンブローを、ゴルフを始めてから4カ月間も理解していませんでした。この期間は今振り返ればとてもいい期間でしたが、ダウンブローを最初に知っていればもっと早く成長できたのではないかと思います。

・アイアンのダウンブロー
・ドライバーのレベルからアッパーブロー
・インパクトより先の重要性

この3点を先に座学で頭に入れておくことで、実際にボールを前にしたときの練習の質が変わり、成長が早まるでしょう。

②30ヤード以内のトレーニング（地道な小さなスイング）

本書で中心的に紹介している、スモールスイングのトレーニングです。

本書内にあるドリルなどを中心に、小さなスイングによるドリルを徹底して行うことで、成長は加速します。ショットに必要なすべてが凝縮されており、最も高い技術が必要な領域を先に押さえてしまうことで、そのほかのショットの成長も早くなるというわけです。

③素振り（スイングリズムの構築は部屋でもできる）

スイング棒を利用した素振りを毎日1回でも行うことで、ゴルフにおける無意識の部分を強化します。

スイングのスタートとゴール、そしてインパクト後を意識することでより高い効果を得ることができます。

④2メートルのパット練習

市販の2メートルのパターマットで、ひたすら2メートルのパットを練習することをおすすめします。時には左手一本のドリルも交えてください。

究極のスモールスイングでのパット練習を取り入れることで、すべてのクラブにおけるインパクトの質はどんどん高く、繊細になっていきます。

これは、私が1年間でやってきた無駄を省くゴルフの練習のなかから、さらに無駄を省いて、重要なもののみを残した究極のゴルフトレーニングだと思っています。

この4つはいずれも、とても地味に見えるかもしれません。ただし、いち早くうまくなりたいゴルファーは、だまされたと思ってこの4つを3カ月ほど徹底して行ってみてください。その先に大きな飛躍があることを約束します。

ゴルフは、多くの方々が大好きなスポーツです。同時に、多くの方々がなかなか上手にならないことを悩んでいるスポーツでもあります。数あるスポーツのなかで最も難しい部類に入るものでしょう。しかし、だからこそ、多くの人が魅力に感じるスポーツでもあります。

ひとついえるのは、地味なことを積み上げた先にこそ大切なことがある、ということです。

仕事などで成功されている方々は、そのことを重々承知していると思いますし、下積みをしっかりやってきたからこそ、仕事人としての今があると考えている人も多いと思います。

ゴルフも同じです。

もっともっとゴルフを楽しみたいのであれば、もっともっと地味なことを練習するしかない。練習の成果がラウンドで出たときには、最高の喜びを得ることができます。

さあ、さっそく練習に行きましょう！　地道な練習を楽しみましょう！

その先に、抜け出せなくなるゴルフの奥深さが待っています。

あとがき

私の1年間の経験から、その喜びを得るために必要なトレーニングと、その時々になにを考えていたのかを時系列で紹介してきました。

この1年間は、みなさんが想像する以上にゴルフのことを考えていましたし、本当に上手になりたいと、なにかに取り憑《つ》かれたかのようにゴルフのことを勉強、分析、研究し、それに基づいて練習をしていました。それを知っていただくことで、ゴルフの奥深さを感じ取ってくれたなら幸いです。

なぜそこまでゴルフに夢中になるのか？　なぜそこまでゴルフを追い求めるのか？　いまだに自分でもよくわかりません。ただ、ゴルフに行く日は絶対に寝坊などすることはなく、ゴルフ場に何度足を運んでも、ロッカールームでは早くコースに出たいと思いながらせかせかと靴を履き替え、自分のペースで練習グリーンでパッティング練習をする。そこには、なにものにも代えがたい幸せを感じる自分がいます。

これは、初めてゴルフ場に行ったときからずっと同じで、どこのゴルフ場でも、何度行っても、まったく変わらない気持ちです。

ゴルフはよく、人生の縮図だといわれます。よいスコアで上がれるときもあれば、悪いスコアで終わるラウンドもあります。プレーそのものも、どうにもならないことが多かったり、予想外のことが起こったり、外的な要因になにも言い訳できないことなどに、人生の縮図といわれる所以があると思います。仕事にも直結する考え方もあり、学ぶことが非常に多いことも事実です。

そして、どんなときでも、そこにはいつも連れ添ってくれる仲間がいます。

ゴルフは個人スポーツではありますが、４人一組という原則があります。よいショットが出れば賞賛し合い、ミスショットが出てしまったときには励まし合う。４人のコミュニケーションが徐々に円滑になって、夕方が近づき、最終ホールを迎えるときにはスコアなど関係なく、なんとも言えない寂しい思いになっている自分に気がつくことになります。時間やホール数に関係なく、もっとこの人たちと一緒に楽しんでいられないものか、と。最後はなんだか切ない気持ちになります。

大人になればなるほど忘れてしまいがちな、子どもの頃、友人が転校してしまうときに感じた切ない気持ちや、高校に進学するときにもう二度とこの仲間で同じ教室で一緒に楽しめないのか……と思った気持ちにとてもよく似ています。

素晴らしいショットを打つことや、よいスコアを追い求めることも、もちろんゴルフの大切な醍醐味です。ただ、周りに仲間がいるからこそ、その喜びは倍増すると思います。人と人のあいだに流れる空気の温かさ、仲間とプレーできる喜び、また最後に別れる寂しさ。そんなところに本当のゴルフの魅力があるのではないかと思うのです。

インターネットが当たり前になり、多くの若者がソーシャルネットワークだけでつながっているという話を聞く機会も増えました。そんな時代だからこそ、人と人のあいだに流れる空気を感じ取れるゴルフを多くの若者に始めていただきたいと願ってやみません。

いつまでも大切なことを教えてくれるゴルフは、まだまだわからないことだらけです。これからも、まだまだ探究し、まだまだ愛して、奥深いゴルフを通じて多くの方と出会えることを楽しみにしています。

ゴルフと、ゴルフを通じて出会えるすべての方々に、心から感謝の気持ちを込めて。

Golf is good spice of life.

大塚友広

【著者プロフィール】

大塚 友広

Tomohiro Otsuka

群馬県富岡市生まれ
izuru株式会社代表取締役
株式会社ラフール執行役員
一般社団法人 アジアジュニアゴルフ協会（AJGA）理事兼GM
一般社団法人 法人営業デジタル化協会（HED）理事

2012年、28歳のときに富岡製糸場の世界遺産プロジェクトにおいて、民間公募による登用で観光マネージャーに就任。その際に本格的にゴルフを始める。世に出ているゴルフ理論に疑問を抱き、独学でゴルフ理論を構築し、1年でベストスコア70台前半に到達する。独自のゴルフ理論をまとめた書籍『ゴルフはインパクトの前後30センチ！』は「今までになかった」「本当にスコアが上がった」など多くの反響を呼び、ゴルフ本としては異例の5万部を突破。アマチュアゴルファーをはじめ、有名トッププロからもその理論に高い評価を得る。

その人のスイングで見えてきた一つの問題点から解決策を瞬時に的確に導き出し、スイング全体を整えることに定評がある。

名門ゴルフクラブのクラブチャンピオンのコーチも務める。

オンラインゴルフコーチング「Natural Works Golf（https://naturalworksgolf.jp)」主宰。

Twitter アカウント：@Tomohiro_Otsuka

装　　丁　金井久幸（Two Three）
写　　真　鈴木規仁
イラスト　アカハナドラゴン

スモールスイング・レボリューション
新装版　ゴルフ歴1年で70台に突入できる30㎝トレ
2020年10月30日　第1刷発行

著　者　大塚友広
発行人　見城 徹
編集人　舘野晴彦
編集者　森田智彦

発行所　株式会社 幻冬舎
〒151-0051 東京都渋谷区千駄ヶ谷4-9-7
電話：03（5411）6211（編集）
03（5411）6222（営業）
振替：00120-8-767643
印刷・製本所：大日本印刷株式会社

検印廃止

万一、落丁乱丁のある場合は送料小社負担でお取替致します。小社宛にお送り下さい。本書の一部あるいは全部を無断で複写複製することは、法律で認められた場合を除き、著作権の侵害となります。定価はカバーに表示してあります。

©TOMOHIRO OTSUKA, GENTOSHA 2020
Printed in Japan
ISBN978-4-344-03683-3 C0095
幻冬舎ホームページアドレス　https://www.gentosha.co.jp/

この本に関するご意見・ご感想をメールでお寄せいただく場合は、
comment@gentosha.co.jpまで。